BIBLIOGRAPHISCHER DIENST STAAT UND RECHT

Herausgeber:
DEUTSCHES INSTITUT FÜR RECHTSWISSENSCHAFT
Potsdam-Babelsberg

Jahrgang 3/1957 — Heft 2
März/April

AKADEMIE-VERLAG · BERLIN

Inhaltsverzeichnis:

Auslieferungen:

Für das Gebiet der Deutschen Demokratischen Republik: LKG-Leipziger Kommissions- und Großbuchhandel, Leipzig C 1, Leninstraße 16

Für das Gebiet der Deutschen Bundesrepublik: KUNST UND WISSEN, Inh. Erich Bieber, Stuttgart N, Hospitalstraße 33a

Für das gesamte Ausland: Deutsche Buch-Export und -Import GmbH., Leipzig C 1, Postschließfach 276, oder Akademie-Verlag GmbH., Berlin W 8, Mohrenstraße 39

Bestellungen sind zu richten an eine Buchhandlung oder an die Post

Für Heft 1 - Jahrgang 3/1957 gilt das gleiche Impressum wie für das vorliegende.

Herausgeber und verantwortlich für den Inhalt: Der Direktor des Deutschen Instituts für Rechtswissenschaft. Redaktion: Dr. Renate Bellman und Jochen Dötsch, Potsdam-Babelsberg, Karl-Marx-Straße 2. Verlag: Akademie-Verlag GmbH., Berlin W 8, Mohrenstraße 39, Fernruf: 200386, Postscheckkonto: 35021. Bestell- und Verlags-Nr. dieses Heftes: 1049/3/2. Die Zeitschrift erscheint zweimonatlich. Bezugspreis für den Jahrgang einschließlich Register: DM 22,20; Einzelheft: DM 3,70. Veröffentlicht unter der generellen Druckgenehmigungs-Nr.: Ag 715/57 DDR. Gesamtherstellung: VEB Druckerei „Thomas Müntzer" Bad Langensalza.

A. BIBLIOGRAPHIE AUS ZEITSCHRIFTEN DER DEUTSCHEN DEMOKRATISCHEN REPUBLIK, DER SOWJETUNION UND DEN LÄNDERN DER VOLKSDEMOKRATIE

Diese Bibliographie enthält eine Auswahl einschlägiger Artikel aus folgenden Zeitschriften: 1)

a) Deutschsprachige Zeitschriften

Ahdl.	= Der Außenhandel, Berlin	1956,H.22-24 1957,H.1-2
Altertum	= Das Altertum,Berlin	1956,Bd.2 H.4
Arb.	= Die Arbeit, Berlin	1956,H.12 1957,H.1
ArbR	= Arbeitsrecht, Zeitschrift für Theorie und Praxis, Berlin	1956,H.3 1957,H.1
Aufb.	= Aufbau (Kulturpolitische Monatsschrift), Berlin	1956,H.11-12
A.u.S.	= Arbeit und Sozialfürsorge, Berlin	1956,H.24 1957,H.1-3
Ber.Dt.Wirtsch.Inst.	= Berichte des Deutschen Wirtschaftsinstituts, Berlin	1956,H.20
ddz	= Dokumentation der Zeit, Berlin	1956,H.131-132 1957,H.133-134
Dem.Aufb.	= Demokratischer Aufbau, Berlin	1956,H.23-24 1957,H.1-2
DFW	= Deutsche Finanzwirtschaft, Berlin	1956,H.23-24 1957,H.1-2
Dt.Auss.pol.	= Deutsche Außenpolitik, Berlin	1956,H.6 1957,H.1
Dt.Ldwi.	= Die Deutsche Landwirtschaft, Berlin	1956,H.12 1957,H.1-2
Einh.	= Einheit, Berlin	1956,H.11-12
EuV	= Erfindungs-und Vorschlagswesen,Berlin	1956,H.22-24 1957,H.1-3
Forum,Wiss.Beil.	= Wissenschaftliche Beilage des Forum, Berlin	1956,H.19-20 1957,H.1
Gew.Akt.	= Das Gewerkschaftsaktiv, Berlin	1956,H.23-24
Grds.Fr.KG	= Grundsätzliche Fragen der Konsumgenossenschaften, Berlin	1956,H.10
Hdl.	= Der Handel, Berlin	1956,H.1-3 1957,H.1
Hswesen	= Das Hochschulwesen, Berlin	1956,H.11-12

Mtbl.VDJD	= Mitteilungsblatt der Vereinigung Demokratischer Juristen Deutschlands, Berlin	1956,H.6
Nat.	= Die Nation, Zeitschrift für Theorie und Praxis nationaler Politik, Berlin	1956,H.11-12 1957,H.1
NJ	= Neue Justiz, Berlin	1956,H.23-24 1957,H.1-2
N.Weg.	= Neuer Weg, Berlin	1956,H.22-24 1957,H.1-2
N.Zeit	= Neue Zeit, Moskau	1956,H.46-52 1957,H.1-3
RID	= Rechtswissenschaftlicher Informationsdienst, Berlin	1956,H.23-24 1957,H.1-4
Schöffe,	= Der Schöffe, Berlin	1956,H.12 1957,H.1
Sov.Wiss.(GB)	= Sowjetwissenschaft,Gesellschaftswiss. Beiträge, Berlin	1956,H.12 1957,H.1
Stat.Prax.	= Statistische Praxis, Berlin	1956,H.12 1957,H.1
St R	= Staat und Recht, Berlin	1956,H.8 1957,H.1
Vpol.	= Die Volkspolizei, Berlin	1956,H.22-24 1957,H.1-2
Weltb.	= Die Weltbühne, Berlin	1956,H.46-52 1957,H.1-4
WGBew.	= Die Weltgewerkschaftsbewegung,Berlin	1956,H.11-12
Wirtsch.Wiss.	= Wirtschaftswissenschaft, Berlin	1956,H.6 u. Sonderheft
Wiss.Ann.	= Wissenschaftliche Annalen, Berlin	1956,H.12 1957,H.1
WZ Halle (GR)	= Wissenschaftliche Zeitschrift der Martin-Luther-Universität, Halle	1956/57,H.1-2
Zs.Gesch.Wiss.	= Zeitschrift für Geschichtswissenschaft, Berlin	1957,H.1
Zs.Jug.Heimerz.	= Zeitschrift für Jugendhilfe und Heimerziehung, Berlin	1956,H.11-12

b) Fremdsprachige Zeitschriften

J.K.	= Jogtudományi Közlöny (Rechtswissenschaftliche Mitteilungen), Budapest	1956,H.6-9
J.N.	= Justitia Nouá (Neue Justiz),Bukarest	1956,H.5-6
	Kommunist, Moskau	1956,H.16-18
	Lupta de Clasa (Der Klassenkampf), Bukarest	1956,H.8-11
Mežd.žizn	= Meždunarodnaja žizn (Das internationale Leben), Moskau	1956,H.11-12 1957,H.1

	Nová mysl (Neuer Geist), Prag	1956,H.11-12
N.P.	= Nowe Prawo (Neues Recht), Warschau	1956,H.10
Probl.econ.	= Probleme economice (Fragen der Ökonomie), Bukarest	1956,H.8-11
Pr.obz.	= Pravny obzor (Juristische Rundschau), Prag	1956,H.8-9
Soc.pravo	= Socialisticesko pravo (Sozialistisches Recht), Sofia	1956,H.7-8
Soc.zák.	= Socialisticka zakonnost (Die sozialistische Gesetzlichkeit), Prag	1956,H.8
	Soudce z lidu (Der Volksrichter), Prag ...	1956,H.5-6; 8-10
Sov.gos.pravo	= Sovetskoe gosudarstvo i pravo (Sowjetstaat und Sowjetrecht), Moskau	1956,H.9
Vopr.ekon.	= Voprosy ekonomiki (Fragen der Ökonomie), Moskau	1956,H.10
Vopr.fil.	= Voprosy filosofii (Fragen der Philosophie), Moskau	1956,H.6
Vopr.ist.	= Voprosy istorii (Fragen der Geschichte), Moskau	1956,H.10-11

1) Die hier aufgeführten Hefte sind gemäß der Benutzungsordnung der Bibliothek des Deutschen Instituts für Rechtswissenschaft bedingt ausleihfähig.

1.Marxismus-Leninismus [1)]

Fomina,V.: G.W.Plechanow - ein hervorragender Theoretiker und Propagandist des Marxismus. (Kommunist,1956,H.16, S.20-35)

Kelle,V.J.;M.I.Kovalson (Kelle,W.J.;M.I.Kowalson): Die Kategorien des historischen Materialismus. (Vopr.fil.,1956,H.4;deutsch: Sov.Wiss.(GB),1957,H.1, S.34-53)

Unveröffentlichte Briefe W.I.Lenins an G.W. Plechanow. (Kommunist, 1956,H.16,S.14-19)

Sitkovskij,E.P.: Lenin über das Zusammenfallen von Dialektik,Logik und Erkenntnistheorie im dialektischen Materialismus. (Vopr.fil.,1956,H.2; deutsch: Sov.Wiss. (GB),1956,H.12, S.1509-1526)

2.Rechtswissenschaft (Aufgaben und Methoden)

Streit,J.: Die Rolle und die Aufgaben des Rechts in der Deutschen Demokratischen Republik. (Vpol.,1957,H.2, S.31-32)

3.Staats-und Rechtstheorie

Dembo,L.I.: Über die Prinzipien für den Aufbau des Rechtssystems. (Sov.gos.pravo,1956,H.8, S.88-98; deutsch: RID,1957, H.1, Sp.1-12)

Foustka,R.: Zur Frage des Übergangs vom Kapitalismus zum Sozialismus vom Standpunkt des Staates und des Rechts.(Pr.,1956,H.5,S.401-418; deutsch: RID,1957,H.2, Sp.47-63)

Genkin,D.M.: Zur Frage des Systems des sozialistischen Sowjetrechts. (Sov.gos.pravo,1956,H.9, S.80-91)

Görner,K.: Die sozialistische Gesetzlichkeit - ein Grundprinzip des Arbeiter-und Bauern-Staates. (Schöffe,1957,H.1, S.1-5)

Kardel', E.: Rede auf der Tagung der Großen Volksversammlung Jugoslawiens vom 7.Dezember. (Kommunist,1956,H.18, S.35-51)

Klein,M.: Über das Wesen und die gesellschaftliche Funktion der sozialistischen Moral. (Einh.,1956,H.12, S.1202-1209)

Kuntschke,H.: Die marxistisch-leninistische Staats- und Rechtstheorie, Leitfaden,Teil I. Berlin 1956.(Rez.).(St R,1956,H.8, S.1075-1082)

Monopole und Staat in Westdeutschland. (Ber.Dt.Wirtsch.Inst., 1956, H.20, S.3-26)

Rumjancev,A. (Rumjanzew,A.): Die sozialistische Wirklichkeit und die "Theorien" des Genossen E. Kardelj. (Kommunist,1956,H.18, S.11-34)

1) Die nach der Fundstelle eines Artikels angegebenen Zahlen verweisen auf die Bedeutung dieses Artikels auch für andere Fachgebiete entsprechend der hier zugrundegelegten Systematik.

Sobolev,A.: Über die parlamentarische Form des Übergangs zum Sozialismus. (Kommunist,1956,H.14; deutsch: Sov.Wiss.,(GB) 1957, H.1, S.54-78)

Tadevosjan,A.S.: Zu einigen Fragen des Systems des Sowjetrechts. (Sov.gos.pravo,1956,H.8, S.99-108; deutsch: RID,1957,H.1, Sp.13-22)

Weichelt,W.: Zu einigen Fragen der Funktionen des sozialistischen Staates. (St R,1957,H.1, S.13-28)

4.Geschichte der Staats-und Rechtstheorie

Galanza,P.N. (Galansa,P.N.): Zur Einschätzung der Staats- und Rechtslehre Hegels. (Sov.gos.pravo,1956, H.9, S.16-26)

Piontkowski,P.A.: Über die Hegelsche Rechtsphilosophie. (St R,1956, H.8, S.964-982)

5.Staats-und Rechtsgeschichte

Avrech,A.Ja.: Der Stolypinsche Bonapartismus und die Fragen der Militärpolitik in der 3.Duma. (Vopr.ist.,1956,H.11, S.17-33)

Über den Befreiungskrieg der spanischen Kolonien in Amerika (1810-1826) von M.S.Al'perovic u.a. (Vopr.ist.,1956,H.11, S.52-71)

Černilovskij,Z.M.(Tschernilowskij,S.M.): Zu einigen Fragen der Geschichte des bürgerlichen Staates und Rechts der Neuzeit. (Sov.gos.pravo,1956,H.9, S.27-37)

Fischer,K.: Politische Emigration im Anschluß an den Peloponnesischen Krieg (404/3 v.u.Z.). (WZ Halle,1956/57, S.75-82)

Rubinštejn,N.L. (Rubinschtejn,N.L.): Die Bauernbewegung in Rußland in der zweiten Hälfte des 18.Jahrhunderts. (Vopr.ist.,1956,H.11, S.34-51)

Schmidt,W.: Die Ahhijawa-Urkunden. (Altertum,1956, Bd.2,H.4,S.195-200)

Schubart-Fikentscher,G.: Christian Thomasius und die Hochschule seiner Zeit. (WZ Halle,1956/57, H.1, S.11-18)

Schütze,J.: Die Reichswehr als Staat im Weimarer Staate, (Nat.,1956, H.11, S.789-797) Z

Stern,L.: Zur Periodisierung der Geschichte Deutschlands im Feudalismus. (Zs.Gesch.Wiss.,1957,H.1, S.61-110)

Stern,L.: Die russische Revolution von 1905-1907 in den archivalischen Forschungen und Publikationen der sowjetischen,polnischen und deutschen Historiker. (Wiss.Ann.,1956,H.12,S.911-918)

6.Völkerrecht und Außenpolitik

Erklärung der Sowjetregierung über die Abrüstung und die Minderung der internationalen Spannungen. (N.Zeit,1956,H.48 (Beil.),S.33-37)

Acharyya, S.K.: Die friedliche Koexistenz und die Rechte der abhängigen und kolonialen Völker. (Mtbl.VDJD,1956,H.6, S.16-24)

Tagung des Atlantikrates vom 11.bis 14. Dezember 1956 in Paris. (ddz,1957,H.134, Sp.55-70)

Aust,H.W.: Die Völker wollten den Suezkonflikt friedlich lösen. (Dt.Auss.pol.,1956,H.6, S.542-548)

Azizjan,A. (Asisjan,A.): Der Zerfall des Kolonialsystems des Imperialismus und die neuen Beziehungen zwischen den Ländern. (Vopr.ekon.,1956,H.10, S.3-23)

Baginjan, K.A.: Die ständige Neutralität, das Recht auf Selbstverteidigung und das System des Regionalismus im Zusammenhang mit der Charta der Vereinten Nationen. (Sov.gos.pravo,1956,H.6, S.102-109; deutsch: RID,1956,H.23, Sp.693-700)

Barsegov,Ju.G.: Westneuguinea muß Indonesien zurückgegeben werden. (Sov.gos.pravo,1956,H.9, S.118-122)

Barth,H.: Der Saarschacher zwischen Adenauer und Mollet. (Dt.Auss.pol.,1956, H.6, S.531-535)

Baturin,M.: Von der 11.Tagung der Vollversammlung der UN. (Mežd.žizn,H.1, S.96-106)

Baumgarten,A.: Zu den Ereignissen in Ungarn und Ägypten in jüngster Zeit. (St R,1956,H.8, S.957-963)

Bertsch,H.: Imperialistische Intrigen im Nahen Osten. (Dt.Auss.pol., 1957, H.1, S.67-73)

Blessing,H.: Zu einigen Problemen des multilateralen Zahlungsverkehrs. (Ahdl.,1956,H.23, S.810-813) 10

Dieckmann,J.: Wir und die Vereinten Nationen. (Dt.Auss.pol.,1957, H.1, S.12-24)

Diversionstätigkeit der USA vor der UNO. (ddz,1957,H.134, Sp.51-56)

Dubský,I.;M.Sobotka: Das Verhältnis des Marxismus zur Philosophie Hegels. (Nová mysl,1956, H.11, S.1188-1202) 1

Offizielle Mitteilung der ägyptischen Regierung zum englisch-französisch-israelischen Überfall. (Dt.Auss.pol.,1957,H.1, S.97-100)

Ermolenko, D.: Die ideologischen Schliche der Apologeten der NATO. (Mežd.žizn,1957,H.1, S.83-91)

Graefrath,B.: Die 47. Konferenz der International Law Association. (St R,1956,H.8, S.1058-1065)

Hansen,G.: Widersprüche in Washingtons Weltpolitik. (Dt.Auss.pol., 1956, H.6, S.513-521)

Hirano,Y.: Die Versuchsexplosionen auf hoher See, das Völkerrecht und die UNO. (Mtbl.VDJD,1956,H.6, S.12-16)

Jeschonnek, E.: Die Normalisierung der sowjetisch-japanischen Beziehungen. (Dt.Auss.pol.,1957,H.1, S.73-85)

Kislov,A.;S.Krylov (Kislow,A.;S.Krylow): Die staatliche Souveränität im Luftraum ist ein allgemein anerkanntes Prinzip des Völkerrechts. (Mezd.zizn,1956, H.3, S.34-43; deutsch: RID,1956,H.23, Sp.701-710)

Korionov,V. (Korionow,W.): Über die "Eisenhower-Dulles-Doktrin". (N.Zeit,1957,H.2, S.5-8)

Korovin,E.: Die Achtung der Souveränität - ein festes Prinzip der sowjetischen Außenpolitik. (Mezd.zizn,1956,H.11, S.27-37)

Korovin,J.: Faustrecht oder Völkerrecht? (N.Zeit,1957,H.1, S.15-17)

Leonidov, A.: Das Abenteuerliche der englischen Mittelostpolitik. (N.Zeit,1956,H.47, S.6-12)

Mai,M.: Die Vereinten Nationen und Ägypten. (NJ,1956,H.24, S.741-744)

Meinicke-Kleint,H.:Marokko, Algerien und Tunesien befreien sich vom Joch des Kolonialismus. (Dt.Auss.pol.,1956,H.6, S.555-562)

Modzorjan,L.A. (Modshorjan,L.A.): Zur Frage der Völkerrechtssubjekte. (Sov.gos.pravo,1956,H.6, S.92-101; deutsch: RID,1956,H.23, Ap.683-692)

Molcanov, N. (Moltschanow,N.): Die Suezfrage und die Krise des Atlantikblockes. (Mezd.zizn,1956,H.11, S.60-69)

Mustafa: Die Hintergründe der Aggression (in Ägypten). (Aufb.,1956, H.12, S.1062-1080)

Pereterskij,I.S.: Der Begriff der Garantie im Völkerrecht. (Sov.gos.pravo,1956, H.9, S.45-54)

Die Saardebatte im Bundestag. (ddz,1957,H.133, Sp.1023-1035) 7

Semenov,V. (Semjonow,W.): Der Zerfall des Kolonialsystems des Imperialismus und die Frage der internationalen Beziehungen. (Kommunist,1956,H.18, S.97-114)

Sowjetisch-afghanisches Kommuniqué über den Aufenthalt des Ministerpräsidenten Afghanistans, Seiner Hoheit Sardar Mohammed Daud, in der Sowjetunion. (N.Zeit,1956,H.46 (Beil.), S.34)

Sowjetisch-belgisches Kommuniqué. (N.Zeit,1956,H.46 (Beil.), S.35-36)

Zur Normalisierung der sowjetisch-japanischen Beziehungen. (Mezd.zizn,1956,H.11, S.73-82)

Sowjetisch-polnische Erklärung. (N.Zeit,1956,H.48 (Beil.),S.37-40)

Gemeinsames sowjetisch-syrisches Kommunique. (N.Zeit,1956,H.47 (Beil.), S.35)

Erklärung der Regierungsdelegation der Sowjetunion und der Rumänischen Volksrepublik über die gepflogenen Verhandlungen.(N.Zeit, 1956,H.50 (Beil.),S.1-4)

Spirin,V.G.: Das Problem der Territorialgewässer in der Praxis der lateinamerikanischen Länder. (Sov.gos.pravo,1956,H.7, S.118-122; deutsch: RID,1956,H.23, Sp.710-716)

Švec,K.: Wirtschaftliche Zusammenarbeit in den UN.(Ahdl.,1957,H.1, S.10-11)

Todtmann,W.: Die Exportfinanzierung als Hilfe für die ehemals unterdrückten Länder. (Dt.Auss.pol.,1957,H.1, S.25-40)

Die UNO und die gegenwärtige internationale Lage. (Mežd.žizn,1956, H.11, S.10-15)

Rede des Außenministers der UdSSR D.T. Schepilow in der Plenarsitzung der UN-Vollversammlungstagung am 22.Nov.1956. (N.Zeit,1956,H.49 (Beil.), S.35-46)

Vol'skij,V. (Wolskij,W.): Latein-Amerika und die Länder des Sozialismus. (Mežd.žizn,1956,H.12, S.54-67)

Voss,H.: Der Stand der EURATOM-Diskussion.(Dt.Auss.pol.,1956,H.6, S.535-539)

Weiland,O.: Der Suez-Krieg und die Rolle der USA. (Dt.Auss.pol., 1957,H.1, S.59-67)

Zemann,G.: Die Mitarbeit der DDR in der Europäischen Wirtschaftskommission der UN. (Dt.Auss.pol.,1957,H.1, S.56-59)

Žukov,E. (Shukow,E.): Die Kolonialpolitik der USA in Asien. (Mežd.žizn,1957,H.1, S.67-73)

7.Staatsrecht

Aleksandrov,V.(Alexandrow,W.): Die innerpolitische Entwicklung der Deutschen Bundesrepublik und die Probleme ihrer Außenpolitik. (Mežd.žizn,1956,H.12, S.47-53,1957,H.1, S.57-66) 6

Armbrust,W.: Festigt die Beziehungen zwischen den örtlichen Organen des Staates und den Volksmassen.(Dem.Aufb.,1956,H.24, S.655-658)

Boock,G.: Zum Inhalt und den Methoden der sozialistischen Kommunalpolitik. (Dem.Aufb.,1957,H.1, S.18-21)

Brandweiner,H.: Die Deutsche Demokratische Republik und das Problem der Staatennachfolge. (Dt.Auss.pol.,1956,H.6, S.496-502) 6

Correa,G.: Die Aufhebung der verfassungsmäßig garantierten Rechte durch die Erklärung des Ausnahmezustandes. (Mtbl.VDJD,1956,H.6, S.24-32)

Gesetz über die Dauer des Grundwehrdienstes und die Gesamtdauer der Wehrübungen im Bundestag beschlossen.(ddz,1957,H.134,Sp.13-38)

Dragomir,I.: Die Verfassung der Rumänischen Volksrepublik - eine Verfassung des sozialistischen Aufbaus. (J.N.,1956,H.6, S.909-930)

Hannemann, H.: Die Aufgaben der örtlichen Volksvertretungen bei der Vorbereitung und Durchführung des Volkswirtschaftsplanes. (Dem.Aufb.,1957,H.1, S.6-8)

Haschke,H.D.: Über das Programm der KPD zur nationalen und sozialen Befreiung. (WZ Halle, 1956/57,H.2, S.163-166) 3

Itiro,Ja.: Der Kampf für die Einheit der demokratischen Kräfte Japans. (Kommunist,1956,H.18, S.115-123)

Kaemmel,E.: Rechte und Pflichten der örtlichen Volksvertretungen. (DFW,1956,H.23, S.1110-1111; 1957,H.2, S.24-25)

Kommunalwahlen in der Bundesrepublik. Die offiziellen Wahlergebnisse in Niedersachsen, Rheinland-Pfalz, Nordrhein-Westfalen und Hessen. (ddz,1957, H.133, Sp.1007-1015)

Kröger,H.: KPD-Verbot und Abgeordnetenmandate. (St R,1956,H.8, S.983-994)

Kühlig,G.;H.Müller: Zur Auslegung des Begriffs "Ersatzorganisation für die KPD" durch das Bundesministerium des Innern. (NJ,1956,H.24, S.756-757)

Leber,G.: Zur politischen Situation in den westdeutschen Städten und Gemeinden. (Nat.,1956,H.12, S.845-854) 9

Luthardt,H.: Über die politische Lage und über die Aufgaben der National-Demokratischen Partei Deutschlands.(Nat.,1956,H.12, S.816-832)

Marek,K.: Die sozialistische Partei Frankreichs und der Krieg in Algier. (Mežd.žizn,1957,H.1, S.74-82) 6

Meister,R.: Die Zerstörung der bürgerlich-demokratischen Grund- und Freiheitsrechte des Bonner Grundgesetzes im Prozeß der Militarisierung der Bundesrepublik. (Einh.,1956,H.11, S.1101-1109)

Michajlov,M.: Einige Fragen der sowjetischen Verfassungspraxis. (Sov.gos.pravo, 1956,H.9, S.3-15)

Molčanov,N. (Moltschanow,N.): Frankreich und Algerien.(N.Zeit, 1956,H.48,S.9-12) 6

Muljukov,F.;V.Fuzeev (Muljukow,F.;W.Fusejew): Das syrische Volk im Kampf für die Festigung der nationalen Unabhängigkeit. (Mežd.žizn,1956,H.12, S.68-77) 6

Richter,H.J.: Einige Aspekte des SPD-Parteitags in München. (Wirtsch.Wiss.,1956,H.6, S.866-879)

Rost,R.: Wichtige Aufgaben der weiteren Demokratisierung im Jahre 1957. (Dem.Aufb.,1957,H.1, S.3-6)

Schönherr,K.: Das Veto des Präsidenten der Vereinigten Staaten von Amerika. (St R,1956,H.8, S.1039-1057)

Schulze,G.: Die Gesetze zur breiteren Entfaltung der Demokratie in der Deutschen Demokratischen Republik.(St R,1957,H.1,S.1-12)

Walter,G.: Zur Saarfrage. (Nat.,1957,H.1, S.9-17) 6

8.Gerichtsverfassung (einschließlich Staatsanwaltschaft, Justizverwaltung,Notariat u.Anwaltschaft

Bebr,R.: Das staatliche Notariat. (Soudce z lidu,1956,H.9, S.143-144)

Benjamin,H.: Die erste zentrale Schöffenkonferenz - Grundlage der weiteren Arbeit. (Schöffe,1956,H.12, S.361-364)

Blazek,J.: Die Aufstellung der neuenVolksrichterverzeichnisse. (Soudce z lidu,1956,H.8, S.117-119)

Garamvölgyi,Z.: Einige Probleme der Unabhängigkeit der Staatsanwaltschaft. (J.K.1956,H.8, S.470-481)

Görner,K.: Die erste zentrale Schöffenkonferenz der Deutschen Demokratischen Republik. (St R,1956,H.8, S.1066-1074)

Hennig,W.: Gesetz über das Verfahren des Staatlichen Notariats. (NJ,1956,H.23, S.723-726)

Křížek,Z.: Die 5.Plenarsitzung der Zentrale der Rechtsberatungsstellen. (Soudce z lidu,1956,H.8, S.122-127)

Rek,T.: Nach den Wahlen zu den Anwaltsräten. (N.P.,1956,H.10, S.20-27)

Révai,T.: Aktuelle Fragen der Organisation der Rechtsanwaltschaft. (J.K.,1956,H.6, S.343-351)

Über den rechtlichen Charakter der Richtlinien des Plenums des Obersten Gerichts der UdSSR. (Sov.gos.pravo,1956,H.8, S.13-21; deutsch: RID,1957,H.1, Sp.23-31)

Tarasenko,F.G.: Die Vervollkommnung der Gerichtsverwaltung in der UdSSR. (Sov.gos.pravo,1956,H.9, S.38-44)

Ziegler,W.: Zur Kritik am Obersten Gericht. (NJ,1956,H.23,S.715-717) 11

9.Verwaltungsrecht und Allgemeine Aufsicht des Staatsanwalts

Beilicke,W.: Das Bundesleistungsgesetz, das Landbeschaffungsgesetz und das Schutzbereichgesetz und ihre Bedeutung für die westdeutsche Landwirtschaft. (St R,1957,H.1, S.64-80) 13

Bönninger; Büchner-Uhder: Vorschläge für eine künftige Regelung des Staatsdienstes in der Deutschen Demokratischen Republik. (St R,1956,H.8, S.1012-1027) 7

Bunschuch,E.: Die örtlichen Organe der Staatsmacht leiten die volkseigene örtliche Industrie. (Dem.Aufb.,1957,H.2, S.33-35)

Halbritter,W.: Zur Diskussion über Probleme der Leitung der volkseigenen örtlichen Industrie. (Dem.Aufb.,1957,H.2, S.27-29)

Hantke,W.: Verbesserung der Arbeit der volkseigenen örtlichen Betriebe durch eine zweckmäßige Zuordnung und staatliche Leitung. (Dem.Aufb.,1957,H.2, S.29-32)

Heiland,B.: Die Organisation des Außenhandels in der Föderativen Volksrepublik Jugoslawien. (Ahdl.,1956,H.24, S.848-849)

Helsinger,B.: Das rechtliche Regime der Gewerbegenossenschaften. (N.J.,1956,H.6, S.985-1005) 13

Hochbaum, H.U.: Zum allgemeinen Rechtsmittelverfahren in der Verwaltung. (Dem.Aufb.,1956,H.24, S.673-675)

Jampol'skaja,G.A.(Jampolskaja,Z.A.): Über die Stellung des Verwaltungsrechts im System des sozialistischen Sowjetrechts. (Sov.gos.pravo,1956,H.9, S.92-102)

Königsheim,W.: Exportausschüsse - Bindeglied zwischen Außenhandel und Produktion. (Ahdl.,1957,H.1, S.24-25)

Die operative Quartalsplanung in der volkseigenen Industrie. (DFW,1957,H.1, Ausg."Finanzen und Buchführung", S.6-9)

Peuke,G.: Verbesserung der Leitung der volkseigenen örtlichen Industrie ohne zusätzliche Verwaltungsorgane. (Dem.Aufb.,1957,H.1, S.13-15)

Rietschel: Polizeiliche Verfügungen richtig anwenden.(Vpol.,1957, H.2, S.13-14)

Schuchert,W.: Zu den Aufgaben und Befugnissen der Wohnungsaktivs. (Dem.Aufb.,1957,H.1, S.15-17)

Der sowjetische Verwaltungsapparat - ein wichtiges Instrument des kommunistischen Aufbaus. (Kommunist,1956,H.17, S.3-16)

Wagenhaus, G.: Zur Qualifizierung der Kader in den Gemeinden. (Dem.Aufb.,1956,H.24, S.658-661)

Weidauer,W.: Der demokratische Zentralismus, ein wichtiger Bestandteil der sozialistischen Kommunalpolitik. (Dem.Aufb.,1957,H.2, S.42-43)

Zimbehl,A.: Zu einigen Fragen des Verhältnisses von Verwaltungsakt und Vertrag im Transportwesen der Deutschen Demokratischen Republik unter besonderer Berücksichtigung der Beförderungspflicht. (St R,1957,H.1, S.50-63) 13,15

10.Finanzrecht

Fogarasi,I,: Der Charakter und die Bedeutung der Steuer für den Warenumlauf in der Rumänischen Volksrepublik.(J.N.,1956,H.6, S.967-981)

Die Diskussion auf der Geld- und Kredit-Konferenz der Akademie. (DFW,1956,H.24, S.1170-1173)

Gemerski,G,: Die volkswirtschaftliche Bilanz im Finanzsystem. (DFW,1957,H.1, S.2-8)

Gruschwitz, R.: Zur Frage der Abgrenzung und Koordinierung der Kontrolle durch die Mark. (DFW,1956,H.24, S.1184-1187)

Heinicke,W.: Durch bessere Ausnutzung des Kredits zu einer wirksamen Kontrolle der Geldemission. (DFW,1956,H.24, S.1166-1169)

Kohlmey,G.: Die Bestimmung und Gewährleistung eines ökonomisch richtigen Bargeldumlaufs in der Deutschen Demokratischen Republik. (DFW,1956,H.24, S.1158-1163)

Kos,F.: Zum Haushalt unserer Deutschen Demokratischen Republik. (Nat.,1956,H.12, S.833-838)

Langer,H.: Produktionsabgabe und Preis. (DFW,1957,H.1, Ausg. "Staatshaushalt", S.15-18)

Lemmnitz,A.: Die Rolle des Geldes beim Kampf um die Rentabilität der volkseigenen Betriebe. (DFW,1956,H.24, S.1163-1166)

Lorenz,R.: Neue Maßnahmen zur Verwirklichung der Grundsätze der Preispolitik. (DFW,1956,H.23, S.1111-1114)

Pilz,W.: Zur Neuregelung des Systems der Abschlagzahlungen und der Erhebung von Strafzuschlägen. (DFW,1957,H.1, Ausg."Staatshaushalt", S.6-9)

Rzesnitzek, F.: Die Lohnsteuer im sozialistischen Finanzsystem. (DFW,1957,H.1, Ausg."Staatshaushalt", S.1-5)

Scherneck,R.: Einige kritische Bemerkungen zur Konsultation über den Staatshaushalt der DDR. (DFW,1957,H.1, Ausg."Staatshaushalt". S.10-11)

Schmidt,H.:Die Aufgaben und Rechte der örtlichen Volksvertretungen bei der Planung und Durchführung ihrer Haushalte.(DFW,1956,H.23, S.1107-1109)

Der Staatshaushaltsplan als Hauptfinanzplan der Deutschen Demokratischen Republik. (DFW,1956,H.24, S.1199-1201)

Wierzbicki,J.: Probleme der Investitionsfinanzierung in der Volksrepublik Polen. (DFW,1957,H.1, Ausg."Finanzen und Buchführung", S.25-27)

Zirin,A.: Die Neuregelung des Zahlungs-und Verrechnungsverkehrs. (Pr.obz.,1956,H.8, S.471-484) 15

11.Strafrecht,Strafprozess

Alsevski,T.V.(Alschewski,T.W.): Über die Grenzen der Befugnisse des Gerichts bei der Verhandlung von Strafsachen im Kassationsverfahren und im Aufsichtsverfahren. (Sov.gos.pravo,1956,H.6.S.70-80; deutsch: RID,1957,H.4, Sp.112-124)

Barbulescu,I.: Zur Frage des Tatbestandes des Rowdytums.(J.N.,1956, H.5, S.825-829)

Barna,P.: Die Probleme der Kodifizierung auf dem Gebiet des strafrechtlichen Schutzes der Planwirtschaft.(J.K.,1956,H.8, S.461-469)

Batawia,St.: Die Problematik der sog.verminderten Zurechnungsfähigkeit. (NJ,1956,H.24,S.754-755)

Bell, R.: Bedeutung, Inhalt und Form der Anklageschrift.(NJ,1956, H.24, S.745-748)

Benjamin,M.: Verbrechen und Klassenkampf. (NJ,1956,H.23, S.717-719)

Berger,G.: Gibt es eine Beschwerde gegen Haftbefehle des Gerichts zweiter Instanz? (NJ,1956,H.24, S.759-760)

Buchholz, E.: Einige Bemerkungen zur erzieherischen Rolle der Strafe in der Deutschen Demokratischen Republik. (St R,1957,H.1, S.37-49)

Buchholz,E.: Können neben dem VESchG die Vorschriften über Amtsunterschlagung tateinheitlich angewendet werden? (NJ,1957,H.2, S.55-56)

Buzov,V.(Busow,W.): Über die Verbrechen nach Art.333 und 334 des Strafgesetzbuches. (Soc.pravo,1956,H.6, S.10-24)

Dermendziev,I.(Dermendshiew,I.): Bemerkungen zu einigen Fällen der verwaltungsrechtlich-strafrechtlichen Verantwortlichkeit von juristischen Personen. (Soc.pravo,1956,H.6, S.33-43) 9

Dulov,A.V.;I.F.Krylov (Dulow,A.W.;I.F.Krilow): Über die Anschauungen D.I.Mendelejews über das gerichtliche Sachverständigengutachten.(Sov.gos.pravo,1956,H.9, S.112-114) 18

Einhorn,H.;A.Hahn: Bericht über die Diskussion auf der Konferenz der Abteilung Prozeßrecht des Deutschen Instituts für Rechtswissenschaft am 7.und 8.Dez.1956 über Fragen des Beweisrechts. (NJ,1957,H.1, S.8-10)

Feller,S.: Einige Überlegungen über die Gesamtheit von Verbrechen. (J.N.,1956,H.6, S.937-951)

Herzberg,U.: Über den materiellen Verbrechensbegriff und die strenge Einhaltung der Gesetzlichkeit. (NJ,1956,H.24, S.758-759)

Fischel,W.;A.Stein;W.Schumann: Die Beurteilung der Zeugenaussagen von Kindern und Jugendlichen. (NJ,1956,H.24, S.753-754)

Flatau-Kowalska,A.: Strafe oder Sicherungsmaßnahme?(St R,1957,H.1, S.29-36)

Fritzsche,H.;E.Hübner:Zum Tatbestand des "sonstigen Beiseiteschaffens" nach § 1 Abs.1 VESchG. (NJ,1957,H.2, S.50-51)

Gemrich,J.: Zum Entwurf der neuen Strafprozeßordnung.(Soudce z lidu, 1956,H.9, S.129-135)

Gergely,E.: Das Rowdytum als Verbrechen in der Gerichtspraxis. (J.N.,1956,H.5, S.811-824)

Goldenbaum,K.;W.Hartung: Gibt es eine Beschwerde gegen Haftbefehle des Gerichts zweiter Instanz? (NJ,1957,H.2, S.49-50)

Horoszowski,P.: Allgemeine Bemerkungen über Augenscheinseinnahmen. (N.P.,1956,H.10, S.43-55)

Hrabánek,J.: Zum Entwurf des neuen polnischen Strafgesetzbuches. (Soc.zák.,1956,H.8, S.522-526)

Iordachescu, V.: Die Aufhebung eines Urteils nach Art. 406 Ziff.3 und Art. 4 Ziff.I, II, III des Strafgesetzbuches. (J.N.,1956,H.5, S.852-857)

Der Karlsruher Prozeß gegen acht deutsche Patrioten.(ddz,1956,H.131, Sp.826-835)

Kermann, E.: Die Urteilstenorierung bei Vollrausch gem. § 350 a StGB. (NJ,1956,H.24, S.762)

Kiričenko,V.F;G.A.Mendelsohn;I.M.Tkačevski (Kiritschenko,W.F.; G.A.Mendelsohn;J.M.Tkatschewski): Die strafrechtliche Verantwortlichkeit für geringfügige Entwendungen. (Sov.gos.pravo,1956,H.7, S.107-112; deutsch: RID,1957,H.3, Sp.75-84)

Kočí, J.: Die bedingte Entlassung - ein Ausdruck des erzieherischen Zweckes der Strafe. (Soudce z lidu,1956,H.8, S.113-114)

Leim, E.: Probleme der "Betriebsjustiz". (NJ,1957,H.2, S.38-40)

Löwenthal,H.: Die "bindende Weisung" im Strafprozeß.(St R,1956,H.8, S.1028-1038)

Mádai, L.: Aktuelle Fragen der Statistik für Strafsachen.(J.K.,1956, H.7,S.421-427)

Malza,K.;J.Sluga: Die strafrechtliche und zivilrechtliche Verantwortlichkeit für den Arbeitsschutz.(Soudce z lidu,1956,H.5, S.68-70) 13

Mančev,N.(Mantschew,N.): Die Entwendung von gesellschaftlichem Vermögen, begangen durch eine organisierte Gruppe, nach Art. 104 Abs. II Ziff.5 in Verbindung mit Art.183 Ziff.4 des NK. (Soc.pravo,1956,H.7, S.17-23)

Maňkovskij,B.S.: Der Kampf des Materialismus mit den subjektivistisch-idealistischen Einflüssen in der sozialistischen Strafrechtswissenschaft. (Pr.obz.,1956,H.8, S.449-460)

Móra,M.: Grundsätzliche Fragen des Begriffs der Partei im Strafprozeß. (J.K.,1956,H.6, S.330-342)

Müller,W.;H.Patzer: Schadensersatz und Wiedergutmachung des Schadens. Gegen die Anwendung des Adhäsionsverfahrens in Jugendstrafsachen. (NJ,1956,H.24, S.748-752)

Neumann,H.: Aus der Arbeit der Kommission für Fragen des Strafprozeßrechts. (Schöffe,1956, H.12, S.364-367)

Nikiforov,B.S.: Über das Objekt des Verbrechens im sowjetischen Strafrecht. (Sov.gos.pravo,1956,H.6, S.60-69; deutsch: RID,1957, H.3, Sp.65-75)

Nikolajev,V.(Nikolajew,W.): Die Überwindung falscher Theorien im Strafrecht ist eine wichtige Voraussetzung für die Festigung der sozialistischen Gesetzlichkeit. (Kommunist,1956,H.14, S.47-60; deutsch: RID,1957,H.2, Sp.33-46)

Nový,C.: Die Verfolgung von Ablieferungsschuldnern.(Soudce z lidu, 1956, H.6, S.81-84)

Rachunov,R.D.: Die Bedeutung des Geständnisses des Beschuldigten für die Beweisführung im sowjetischen Strafprozeß. (Sov.gos.pravo,1956, H.8, S.34-43; deutsch: RID,1957,H.4, Sp.95-105)

Ranke:Über den Kongreß der Fédération Abolitionniste Internationale in Frankfurt am Main.(Mtbl.VDJD,1956,H.6, S.35-38)

Renneberg,J.;E.Hübner;H.Weber: Materieller Verbrechensbegriff,Strafpolitik und Gesetzlichkeit.(NJ,1957,H.2, S.33-37)

Sacharov,A.B.: Der strafrechtliche Schutz der Sicherheit der Arbeitsbedingungen.(Sov.gos.pravo,1956,H.7, S.85-93; deutsch: RID, 1957,H.3, Sp.84-94)

Šalamov,M.P. (Schalamow,M.P.): Zur Frage der Würdigung des Geständnisses des Beschuldigten.(Sov.gos.pravo,1956,H.8,S.44-50; deutsch: RID,1957,H.4, Sp.105-112)

Šamlieva,L.(Schamliewa,L.): Die Jugendkriminalität und ihre Bekämpfung. (Soc.pravo,1956,H.6, S.56-64)

Schindler,R.: Der Beweis im Strafprozeß der DDR.(NJ,1957,H.1, S.6-8)

Schumann,K.: Über den strafrechtlichen Schutz der Produktion von Uranerz. (NJ,1956,H.24, S.760-761)

Schwarz,G.: Der Entwurf des Vierten Strafrechtsänderungsgesetzes-ein Anschlag auf die Freiheit der Meinung und des Gewissens in der Bundesrepublik.(St R,1957,H.1, S.81-92)

Takov,I.: Fehler in der Notwehr und im Notstand.(Soc.pravo,1956, H.8, S.11-20)

Tibitanzl,K.: Zur Frage des sogen.untauglichen Versuchs.(Soc.zák., 1956,H.8, S.468-479)

Vida,F.: Die Hebung des ideologischen Niveaus der Rechtsprechung und die Untersuchung des Klassenwesens der Verfahren.(J.K.,1956, H.7, S.409-420) 18

Viski,L.: Der Begriff der vorsätzlichen Schuld und des gesellschaftlichen Beweggrundes. (J.K.,1956,H.9, S.513-524)

Weiß,W.: Die Bedeutung der Beweise für die Durchsetzung der Gesetzlichkeit im Strafprozeß.(NJ,1957,H.1, S.4-6)

12.Kriminalistik,Gerichtliche Medizin, Gerichtspsychiatrie,-psychologie

Angelov,A.V.(Angelow,R.W.): Das gerichtsmedizinische Gutachten und die Funktionen der Untersuchungs- und Gerichtsorgane und des ärztlichen Sachverständigen.(Soc.pravo,1956,H.6, S.44-55) 11

Nejkov, St.: Die gerichtsmedizinische Begutachtung von Verdächtigen und Verhafteten als Beweisquelle in Mordsachen und bei anderen Verbrechen. (Soc.pravo,1956,H.8, S.48-56) 11

Oelschlägel,W.: Die Vernehmung soll Bestätigung für vorhandene Beweise erbringen.(Vpol.,1956,H.24, S.10-11) 11

Rychlik,K.H.: Zur Anwendung der Tatortfotografie in der Kriminalistik. (Vpol.,1956,H.24, S.12-13)

Schmidt,W.: Strafprozeßordnung und Kriminaltechnik.(Vpol.,1956, H.24, S.9-10) 11

Seidel,G.: Die Untersuchung von Betriebsstörungen.(Vpol.,1956, H.22, S.9-11) 11

13.Zivilrecht

Artzt,W.: Die Rechtsprechung des Obersten Gerichts in Zivilsachen. (NJ,1956,H.23, S.710-714)

Basse,F.v.: Zwei Irrtümer der deutschen bürgerlichen Zivilrechtslehre. (WZ Halle,1956/57,H.1, S.113-135)

Bögelsack,U.: Rechtsfragen der staatlichen Beteiligung. (DFW,1957,H.2, Ausgabe "Staatshaushalt", S.33-38)

Ehrhardt,H.;H.Rutschke: Über einige Probleme der staatlichen Beteiligung an Privatbetrieben. (N.Weg,1957,H.2, S.94-97)

Eliáš,J.: Das Ausschlagen der Erbschaft.(Soudce z lidu,1956,H.6, S.90-91)

Bundestag beschließt Großbankengesetz. (ddz,1957,H.134,Sp.41-44)

Köppert,W.: Das Wesen und die Bedeutung der Konsumgenossenschaften in Westdeutschland. (Hdl.,1956,H.1, S.34-41)

Bundestag beschließt Landbeschaffungsgesetz.(ddz,1957,H.134, Sp.37-40)

Luby,Š.: Das Mitverschulden des Geschädigten.(Pr.obz.,1956,H.8, S.460-470)

Müller,G.: Garantie soll die Gewährleistung erweitern.(Hdl.,1956, H.3, S.20-22) 15

Šlifer, B.G.(Schlifer,B.G.): Einige strittige Fragen der vertraglichen Verantwortlichkeit nach dem sowjetischen Zivilrecht. (Sov.gos.pravo,1956, H.9, S.115-117)

Stolz,W.: Die Rechte des Käufers aus der vom Hersteller einer Industrieware gegebenen Garantie. (Schöffe,1957,H.1, S.10-13)

Tebs,J.: Erster Bericht über die Teilzahlungsgeschäfte beim sozialistischen Einzelhandel. (Stat.Prax.,1957,H.1, S.5-7)

Vassilev,L.: Die Auslegung von Normen des Zivilrechts.(Schluß). (Pr.obz.,1956,H.8, S.484-493)

14.Urheber-und Erfinderrecht

Anders,H.: Zur Rechtsproblematik des Lizenzvertrages.(EuV,1956, H.24, S.569-570)

Droggan,G.: Die Gliederung und Tätigkeit der Patentabteilung. (EuV,1956,H.24, S.570-572)

Droggan,G.: Gutachtenpflicht des Patentamts - Patentregister,Patentschrift und Patentakten. (EuV,1957,H,3, S.61-63)

Droggan,G.: Die Rechtskraft und die Zustellung patentamtlicher Entscheidungen. (EuV,1957,H.1, S.15-17)

Über aktuelle Fragen des Erfinderrechts in der UdSSR von F.F.Lange u.a. (Sov.gos.pravo,1955,H.3, S.66-73: deutsch: RID,1956,H.24, Sp.726-733)

Grzybowski,St.: Zivilrechtliche Probleme des Erfinderrechts in der Volksrepublik Polen. (P.i P.,1956,H.3, S.479-497; deutsch: RID,1956,H.24, Sp.733-746)

Hartmann,W.: Ist die Vergütung für Verwaltungsvorschläge richtig? (EuV,1957,H.3, S.54-55)

Herzog,H.: Patent und Gebrauchsmuster. (EuV,1956,H.22, S.517-519)

Müller, F.: Einheitlichkeit und Erweiterung bei Patentanmeldungen. (EuV,1957,H.3, S.66-69)

Püschel,H.: Einige Fragen des Urheber-und Verlagsrechts.(NJ,1956, H.23, S.719-723)

Rüffle,M.: Das Patentamt an der Jahreswende.(EuV,1957,H.2, S.27-30)

15.Vertragssystem,Vertragsgerichtliches Verfahren

Bancev,C.(Bantschew,Z.): Die rechtliche Stellung der Außenhandelsbetriebe und das Arbitrageverfahren der Verhandlung über Streitigkeiten zwischen ihnen und ausländischen Vertragspartnern. (Soc.pravo,1956,H.8, S.1-10) 9

Malovský-Wenig,A.: Einige Studien über die Wirtschaftsverträge. (Soc.zák.,1956,H.8, S.496-521)

Molcan,T.: F.Dvonc;J.Slezak, Die tschechoslowakische Arbitrage. Bratislava 1956. 772 S. (Rez.).(Pr.obz.,1956,H.9, S.567-570)

Slezak,J.: Die Vereinfachung des Arbitrageverfahrens.(Soc.zák., 1956,H.8, S.486-488)

16.LPG-Recht, Bodenrecht

Chyský,J.: Das Rechtsverhältnis von Nichtmitgliedern, die in der Landwirtschaftlichen Einheitsgenossenschaft arbeiten.(Pr.obz.,1956, H.8, S.493-497)

Fateev, S.M.(Fatejew,S.M.): Über die Kodifizierung der sowjetischen Bodengesetzgebung.(Sov.gos.pravo,1956,H.9, S.73-79)

Hromada,J.: V.Fábry, Das Recht der landwirtschaftlichen Genossenschaften. Prag 1956. 510 S.(Rez.). (Pr.obz.,1956,H.8,S.497-501)

Lanzendörfer,J.: Zum Verkauf von Grundstücken, die zum Mitglieder-Boden (zusammengeschlossenen Boden) der landwirtschaftlichen Einheitsgenossenschaft gehören.(Soc.zák.,1956,H.8,S.479-480)

Lemke,K.: Die Entwicklung der landwirtschaftlichen Genossenschaftsbewegung in der Föderativen Volksrepublik Jugoslawien.(Grds.Fr.KG, 1956,H.10, S.292-303) 13

Stepanov,S.(Stepanow,S.): Über das Eigentum am Boden in den Produktionsgenossenschaften Bulgariens.(Vopr.ekon.,1956,H.10, S.66-80)

Tadžer,V.E.(Tadsher,W.E.): Zu den Akten über die Übertragung der Bürgschaft von staatlichen Organen auf die Produktionsgenossenschaften.(Soc.pravo,1956,H.7, S.24-33)

17.Familienrecht

Gurevič,I.S.(Gurewitsch,I.S.): Über einige Fragen des sowjetischen Familienrechts.(Sov.gos.pravo,1956,H.9, S.55-64)

Heckert,W.;L.Ansorg: Erziehungsvereinbarung - ja oder nein? (Zs.Jug.Heimerz.,1956,H.12, S.505-507)

Heinrich,W.;E.Göldner: Die Rechtsprechung der Instanzgerichte zur Eheverordnung.(NJ,1957,H.1, S.11-13) 18

Pergament,A.I.: Die rechtliche Stellung der nichtehelichen Kinder muß abgeändert werden. (Sov.gos.pravo,1956,H.9, S.65-72)

Provaznik,V.;O.Šebek: Wie äußern sich die Ursachen der Ehezerrüttung in Scheidungsangelegenheiten? (Soudce z lidu.1956,H.10, S.150-155)

Rizeanu,D.: Zur Frage der Neuregelung der Adoption im Familiengesetzbuch.(J.N.,1956,H.5, S.847-851)

Waldmann,K.: Zur Genehmigung von Rechtsgeschäften für Minderjährige. (Zs.Jug.Heimerz.,1956,H.12, S.498-501)

18.Zivilprozeß(einschließlich Familienrechtliches Verfahren)

Baráth,L.: Bericht über die Diskussion über grundsätzliche Fragen des gerichtlichen Vollstreckungsverfahrens.(J.K..1956,H.9, S.563-569)

Bavorský, J.: Die erste Arbeitskonferenz der Mitarbeiter des Zivilprozeßrechts. (Schluß). (Pr.obz.,1956,H.8, S.502-504)

Häusler,G.;H.Ködel;E.Rehm: Bemerkungen zum Eheverfahren. (NJ,1957 H.1, S.14-17)

Provazník,V.: Die Erziehungstätigkeit der Gerichte in Ehescheidungssachen.(Soudce z lidu,1956,H.9, S.135-137)

Püschel,H.: Kostenentscheidungen im Güteverfahren.(NJ,1957,H.2, S.41-45)

Siljanovski,D.: Die Pflicht, im Zivilprozeß die Wahrheit zu sagen. (Soc.pravo,1956,H.7, S.1-7)

Silvian,A.: Über die Pflichten des Staatsanwalts in Zivilsachen. (J.N.,1956,H.6, S.952-966)

Steiner,V.: Hat die sogen.fakultas alternativa einen Rückhalt in der Zivilprozeßordnung? (Soc.zák.,1956,H.8, S.481-486)

Veslár,Z.: Zum Problem der Zuweisung des Anteiles eines Miteigentümers als Ersatz nach § 140 ZGB. (Soc.zák.,1956,H.8, S.484-486)

Wierzbowski,E.: Die Verhandlung von Klagen auf Unterhaltskosten zu Gunsten sowjetischer Bürger.(N.P.,1956,H.10,S.64-73)

19.Arbeitsrecht und Arbeitsrechtliches Verfahren

Altmann,E.: Über die demokratischen Rechte der Arbeiter in den sozialistischen Betrieben.(Einh.,1956,H.12, S.1188-1201)

Berger,H.G.: Betriebliche Prämienzeitlohnsysteme steigern die Leistung. (Hdl.,1957,H.1, S.43-45)

Die Betriebskollektivverträge 1957. (Arb.,1957,H.1, S.7-10)

Enke,A.: Neue Technik ohne höhere Qualifikation? (Arb.,1957,H.1, S.19-23)

Erban,E.: Zur neuen sozialen Sicherstellung der Werktätigen in der ČSR. (Nová mysl,1956,H.12, S.1266-1278)

Feiler,G.: Abgrenzung des Agenturvertrages vom Arbeitsrechtsverhältnis. Zur Rechtsstellung der Leiter ländlicher Verbindungsstellen des konsumgenossenschaftlichen Handels. (NJ,1957,H.2, S.45-48)

13

Feiler,G.: Zur Frage der Begrenzung der materiellen Verantwortlichkeit im Arbeitsrecht. (Arb.R,1956, H.1, S.2-3)

Franke,W.: Der Unfallversicherungsschutz der Arbeiter und Angestellten der volkseigenen Industriebetriebe bei Betriebsunfällen. (Arb.R,1956,H.3, S.64-66; 1957,H.1, S.10-12)

Fromm,G.: Die Prämienvereinbarung in der Bewährungsprobe.(Hdl.,1956, H.3, S.40-43)

Göhring,J.: Zur Schöffenmitwirkung bei den Arbeitsgerichten. (Arb.R,1956,H.1, S.1-2)

Jamrath,Ch.: Gehaltsberechnungen bei nur teilweiser Arbeit im Monat. (ArbR.,1956,H.1, S.6-7)

Kietz,H.: Die Entwicklung der Arbeitsgerichte in Deutschland.(St R 1956,H.8, S.995-1011)

Kolb, M.: Vermindert eine neue Technik den Lohn unserer Arbeiter? (Gew.Akt.,1956,H.23, S.5-10)

Kowollik, B.: Die Änderung von Arbeitsrechtsverhältnissen durch deren Subjekte. (A.u.S.,1957, H.3, S.87-90)

Kranke,R.: Mitbestimmung auch im Kündigungsrecht.(Gew.Akt.,1956,H.24, S.36-39)

Kummerlöw,G.: Die Erhöhung der Renten - ein großer Erfolg unserer Arbeiter-und Bauern-Macht. (Arb.1956,H.12, S.801-804)

Kuntschke, Ch.: In welchen Fällen ist die Zustimmung Dritter zum Abschluß eines Arbeitsvertrages notwendig? (ArbR.,1956,H.1, S.4-6)

Lemmnitz,A.: Der Arbeitslohn in Westdeutschland.(Wirtsch.Wiss., 1956, H.6, S.880-894)

Mennicke,K.: Die rechtliche Regelung der Lohnsicherung.(ArbR.,1957 H.1, S.16-17)

Meyling,W.: Die Bedeutung und die wichtigsten Merkmale der neuen Prämienvereinbarung für den staatlichen und konsumgenossenschaftlichen Einzelhandel. (Grds.Fr.KG,1956,H.10, S.281-286)

Michas,J.: Ist in Familienobjekten des Handels die fristlose Entlassung des Ehemannes ein Grund zur fristgemäßen Kündigung der Frau? (ArbR.,1956,H.1, S.8-10)

Pätzold,E.: Zur Zuständigkeit der Arbeitsgerichte.(ArbR.,1957,H.1, S.18)

Pätzold,E.: Lohnausgleichszahlung bei Erkrankung zwischen Abschluß des Arbeitsvertrages und Aufnahme der Arbeit.(A.u.S,1957,H.1, S.21-24)

Paul,H.: Die BGL - Anwalt der Werktätigen im Betrieb.(ArbR.,1956 H.3, S.66-69)

Paul,H.;O.Schmack: Besteht für den Lohnausgleich eine Bindung des Betriebes an die Entscheidung der Sozialversicherung? (A.u.S.,1957,H.3, S.84-87)

Petzsche,W.;J.Pracht: Entlohnung bei Ausschußarbeiten.(A.u.S.,1957 H.3, S.67-69)

Pravaznik,V.: Der Lohn und die staatliche Lohnpolitik.(Soudce z lidu 1956,H.6, S.85-89)

Pyszczynski,E.: Die Untersuchungstechnik in Sachen wegen Manki. (N.P.,1956,H.10, S.74-78)

Renneberg,B.: Straftilgung im Ermessen der Unternehmer.(ArbR.,1957, H.1, S.21-22)

Richter, H.: Erhöhung der Renten und der Sozialfürsorgeunterstützung für Fürsorgeempfänger und Heimbewohner.(A.u.S.,1956,H.24. S.765-767)

Sand,M.: Arbeitsstreitigkeiten schon im Betrieb beilegen.(Arb.,1957, H.1 (Beil.),S.1-8)

Schneider,F.:Aufgaben und Arbeitsweise der Internationalen Arbeitsorganisation.(ArbR.,1956,H.3, S.61-63)

Schwefelberg,A.: Der Übergang der Rechte eines Versicherten, der Schadensersatz erhalten hat, gegenüber einem Dritten, der für den Schaden haftet, auf den Versicherungsträger.(J.N.,1956,H.5,S.830-846)

Sommer,R.: Einige Gedanken zur Verkürzung der Arbeitszeit in der Metallurgie. (Arb.,1957,H.1, S.11-18)

Tauscher,H.: Das Zeugnis im Arbeitsrecht.(ArbR.,1956,H.3,S.72-74)

Teodoru,L.: Eine der Seiten der materiellen Verantwortlichkeit der Angestellten. (J.N.,1956,H.6, S.982-984)

Wiśniewski,A.: Sind Konfliktkommissionen notwendig?(N.P.,1956,H.10, S.85-91)

Ziegler,K.: Die Verletzung der Aufsichtspflicht und ihre Folgen. (ArbR.,1956,H.3, S.57-60)

Zülsdorf,K.H.: Betriebskollektivverträge und Rahmenverträge 1957. (EuV,1957,H.2, S.33-34)

20.Internationales Privatrecht

Keine Eingänge

21.Sonstiges

Aus der Rede des Justizministers Dr.V.Škoda anläßlich der Beratung der Mitarbeiter in der Justiz.(Soudce z lidu,1956,H.10, S.145-150)

Die Arbeit unserer Vereinigung. Bericht über die Vorstandssitzung der Vereinigung Demokratischer Juristen Deutschlands v.24.Nov.1956. (Mtbl.VDJD,1956,H.6. S.2-11)

D. BIBLIOGRAPHIE AUS ZEITSCHRIFTEN DER DEUTSCHEN BUNDESREPUBLIK

Diese Bibliographie enthält eine Auswahl einschlägiger Artikel aus folgenden Zeitschriften: 1)

AcP	=Archiv für die civilistische Praxis, ... Tübingen	1956,Bd.155, H.23/24
AG	= Der Arbeitgeber, Düsseldorf	1956,H.22-24 1957,H.1/2
AöR	= Archiv des öffentlichen Rechts,Tübingen	1956,Bd.81,H.3/4
ArbuR	= Arbeit und Recht, Köln	1956,H.11-12
ASP	= Arbeit und Sozialpolitik, Bonn	1956,H.12 1957,H.1
AUSS.POL.	= Außenpolitik, Stuttgart	1956,H.11-12
AVö	= Archiv des Völkerrechts, Tübingen	1956,Bd.6,H.1
B	= Der Betrieb, Düsseldorf	1956,H.48-52 1957,H.1-3
BB	= Der Betriebs-Berater, Heidelberg	1956,H.32-36 1957,H.1-2
DJ	= Die Justiz, Düsseldorf	1956,H.4/6
DÖV	= Die Öffentliche Verwaltung, Stuttgart ...	1956,H.22-24 1957,H.1
DRiZ	= Deutsche Richterzeitung, Köln,Berlin	1956,H.12 1957,H.1
Dtsch.Z.gerichtl.Med.	= Deutsche Zeitschrift für die gesamte gerichtliche Medizin, Berlin	1956,Bd.45,H.1-6
DVBl.	= Deutsches Verwaltungsblatt, Köln,Berlin .	1956,H.22-24 1957,H.1-2
DWW	= Deutsche Wohnungswirtschaft,Düsseldorf ..	1956,H.11-12
EA	= Europa-Archiv, Frankfurt a.M.	1956,H.22-24 1957,H.1
FamRZ	= Ehe und Familie im privaten und öffentlichen Recht, Bielefeld	1956,H.6;12 1957,H.1
FR	= Finanz-Rundschau, Deutsches Steuerblatt, Köln	1956,H.22-24
GAStr	= Goltdammer's Archiv für Strafrecht, Hamburg	1956,H.11-12 1957,H.1
Gew.Mon.H.	= Gewerkschaftliche Monatshefte, Köln	1956,H.11-12 1957,H.1
GRUR	= Gewerblicher Rechtsschutz und Urheberrecht, Weinheim	1956,H.10-12

GRUR Ausl.	= Gewerblicher Rechtsschutz und Urheberrecht Auslands-und Internationaler Teil, Weinheim	1956,H.11
JfIR	= Jahrbuch für internationales Recht, Göttingen	1956,Bd.6
Int.Jb.Pol.	= Internationales Jahrbuch der Politik, München	1956,H.1
JZ	= Juristenzeitung, Tübingen	1956,H.22-24 1957,H.1-2
Krim.	= Zeitschrift für die gesamte kriminalistische Wissenschaft und Praxis, Hamburg	1956,H.12 1957,H.1
Mbl.freiheitl.Wipol.	= Monatsblätter für freiheitliche Wirtschaftspolitik. Frankfurt a.M.	1956,H.12 1957,H.1
MDR	= Monatsschrift für Deutsches Recht, Hamburg	1956,H.12
N.Abendl.	= Neues Abendland, Jahrbuch für Politik und Geschichte, München	1956,H.1;4
N.Gesellschaft	= Die Neue Gesellschaft, Bielefeld	1956,H.6
NJW	= Neue Juristische Wochenschrift, München, Berlin	1956,H.46-52 1957,H.1-3
Öff.D.	= Der Öffentliche Dienst, Düsseldorf	1956,H.11-12
ORDO	= Jahrbuch für die Ordnung von Wirtschaft und Gesellschaft, Fellbach	1956,Bd.8
	Politische Studien, Monatshefte der Hochschule für Politische Wissenschaften, München	1956,H.79-80
RdA	= Recht der Arbeit, München, Berlin	1956,H.11-12
RdJ	= Recht der Jugend, Berlin	1956,H.23-24 1957,H.1-2
RdL	= Recht der Landwirtschaft, Hamburg	1956,H.11-12
RLA	= Rundschau für den Lastenausgleich, Hamburg	1956,H.22-24
SchlHA	= Schleswig-Holsteinische Anzeigen,Kiel .	1956,H.11-12 1957,H.1
SCHM.JB.	= Schmollers Jahrbuch für Gesetzgebung, Verwaltung und Volkswirtschaft,Berlin .	1956,H.1;6
SGb.	= Die Sozialgerichtsbarkeit, Wiesbaden ..	1956,H.11-12
SKV	= Staats- und Kommunalverwaltung,Berlin .	1956,H.11-12
Soz.Sicherh.	= Soziale Sicherheit- Zeitschrift für Sozialpolitik, Köln	1956,H.12 1957,H.1
TW	= Die Teilzahlungswirtschaft,Dortmund ...	1956,H.6
	Universitas, Zeitschrift für Wissenschaft, Kunst und Literatur, Stuttgart	1956,H.11-12

UFITA	= Archiv für Urheber-, Film-, Funk- und Theaterrecht, Baden-Baden	1956,Bd.22, H.5-6
UStR	= Umsatzsteuer-Rundschau, Köln	1956,H.22-24
Weltw.Arch.	= Weltwirtschaftliches Archiv, Zeitschrift des Instituts für Weltwirtschaft an der Universität Kiel, Hamburg	1956,Bd.77,H.2
WRP	= Wettbewerb in Recht und Praxis, Frankfurt a.M.	1956,H.11-12
WuW	= Wirtschaft und Wettbewerb, Düsseldorf	1956,H.11-12
Zbl.JugR	= Zentralblatt für Jugendrecht und Jugendwohlfahrt, Köln, Berlin	1956,H.10-12
ZHK	= Zeitschrift für das Gesamte Handelsrecht und Konkursrecht, Stuttgart	1956,Bd.119 H.4
ZMR	= Zeitschrift für Miet- und Raumrecht, Düsseldorf	1956,H.12 1957,H.1
Z.POLIT	= Zeitschrift für Politik, Berlin	1956,H.2
ZSR	= Zeitschrift für Sozialreform, Wiesbaden ..	1956,H.11-12
ZSt	= Zeitschrift für die gesamte Staatswissenschaft, Tübingen	1956,Bd.112 H.4
ZStr	= Zeitschrift für die gesamte Strafrechtswissenschaft, Berlin	1956,Bd.68 H.2-3
ZV u.ZV	= Zeitungs-Verlag und Zeitschriften-Verlag, Wiesbaden	1956,H.21-24 1957,H.1
ZvR	= Zeitschrift für vergleichende Rechtswissenschaft, Stuttgart	1957,Bd.59
ZZP	= Zeitschrift für Zivilprozeß, Berlin	1956,Bd.69 H.5-6

Berichtigung.

Die Zeitschriften

DVBl	= Deutsches verwaltungsblatt, Köln,Berlin ..	1956,H.21
GRUR Ausl.	= Gewerblicher Rechtsschutz und Urheberrecht, Auslands-u.Internationaler Teil,Weinheim .	1956,H.10
Zbl.JugR	= Zentralblatt für Jugendrecht und Jugendwohlfahrt, Köln,Berlin	1956,H.8-9

sind bereits im Bibliographischen Dienst 1957, H.1 enthalten,aber im Verzeichnis der ausgewerteten Zeitschriften nicht aufgeführt.

Die hier aufgeführten Hefte sind gemäß der Benutzungsordnung der Bibliothek des Deutschen Instituts für Rechtswissenschaft bedingt ausleihfähig.

1. Soziologie, allgemeine Staatslehre, Rechtsphilosophie [1]

Conant, J.B.: Die angelsächsische Tradition der Freiheit. (Politische Freiheit; angelsächsisches Rechtssystem; religiöse Freiheit). (AUSS.POL., 1956, H.12, S.766-773) 2

Dürig, G.: Demokratie und Rechtsstaat. Festgabe zum 60. Geburtstag von Zaccaria Giacometti. Zürich 1953 262 S. (Rez.). (AöR, 1956 Bd.81, H.3/4, S.496-499)

Krüger, H.: Wie ein Buch über den Staat aussehen sollte ... (DVBl. 1957, H.1, S.6-9) 4

Lohmar, U.: Die Situation der deutschen Demokratie. (Politische Studien. 1956, H.80, S.19-27) 4

Maus, H.: Der Dritte Weltkongreß der Soziologie. (SchM.JB., 1956 H.6, S.107-116)

Pain, P.: Die Rolle des Präzedenzfalles im englischen Recht. (DJ, 1956 H.4/6, S.109-112) 9

Scheuch, E.K.: Internationale Entwicklungstendenzen in der heutigen Soziologie. (Gew.Mon.H., 1956, H.11, S.657-662)

Walther, A.: Zeitgerechte Ethik und politisches Verhalten. (Z.POLIT. 1956, H.2, S.97-120)

2. Staats- und Rechtsgeschichte

Durcansky, F.: Mit Tiso bei Hitler. Die Entstehung der Slowakischen Republik 1939 (Politische Studien, 1956, H.80, S.1-10)

Kähler, K.: Die neutrale Einheitsgewerkschaft als Ziel der ehemaligen christlichen Gewerkschaften. (Gew.Mon.H., 1956, H.12, S.749-753) 16

Sellmann: Zur Entwicklung der Verwaltungsgerichtsbarkeit in Oldenburg. (DVBl., 1956, H.24, S.845-849) 5

3. Völkerrecht und Außenpolitik

Abendroth, W.: Die völkerrechtliche Bedeutung der Bandung-Konferenz. (AVö, 1956, Bd.6, H.1, S.55-61)

Azcarraga, J.L.de: Onassis' Walfänger und der völkerrechtliche Begriff der Hoheitsgewässer. (AVö, 1956, Bd.6, H.1, S.41-50)

Berendsen, F.: Deutschland in der atlantischen Gemeinschaft. (AUSS.POL., 1956, H.11, S.699-708) 4

1) Die nach der Fundstelle eines Artikels angegebenen Zahlen verweisen auf die Bedeutung dieses Artikels auch für andere Fachgebiete entsprechend der hier zugrunde gelegten Systematik.

Böhmert,V.: Meeresfreiheit und Schelfproklamationen. (JfIR,1955, Bd.5, H.1, S.1-35; H.2/3,S.177-195; 1956,Bd.6, S.7-99) 4

Fliess,P.J.: Unausweichliche Koexistenz? (AUSS.POL.,1956,H.12, S.793-799)

Gutachten der Völkerrechtsabteilung des Heeresministeriums der Vereinigten Staaten zur Anwendbarkeit der Haager Landkriegsordnung und Genfer Konvention auf das besetzte Deutschland.(JfIR,1956,Bd.6, S.300-308)

Heydte,F.A.von der: Die politische Ausgangslage eines modernen Völkerrechtes.(Int.Jb.Pol.,1956,H.1, S.2-15)

Jankovic,B.M.: Verfahren zur Revision der Satzung der Vereinten Nationen.(JfIR,1956,Bd.6, S.120-138)

Langrod,G.: Le Secretariat de l'Organisation des Nations Unies. (AVö,1956,Bd.6, H.1, S.1-40)

Marsilius, G.: Die übernationale Eigentumsgarantie.(Mbl.freiheitl. Wipol.,1957,H.1, S.15-22) 10

Mommer,K.: Wiedervereinigung im Westen.(AUSS.POL.,1956,H.11, S.708-713) 4

Oel,A.: Das Europäische Fürsorgeabkommen. (Soz.Sicherh.,1957,H.1, S.10-12) 17

Pegg,C.H.: Die Verhandlungen zwischen Ost und West über die Berliner Blockade von Mai bis September 1948.(EA,1957,H.1, S.9503-9512)

Preiser,W.: Die Epochen der antiken Völkerrechtsgeschichte.(JZ,1956, H.23/24,S.737-744)

Rantzau,J.A.von: Koexistenz in geschichtlicher Betrachtung. (AUSS.POL.,1956,H.12, S.787-792) 2

Rumpf,H.: Zur Frage der Relativität des Kriegsbegriffs.(AVö,1956, Bd.6,H.1, S.51-55)

Schmid,C.: Über das europäische politische System.(AUSS.POL.,1956, H.11, S.685-699) 4

Slessor,J.: Deutschland und die Verteidigung des Westens.(AUSS.POL., 1956,H.12, S.779-786) 4

Soward,F.H.: Die kanadische Außenpolitik seit dem Zweiten Weltkrieg. (EA,1957,H.1, S.9495-9502)

Konzessionsurkunde und Bedingnisheft für den Bau und die Ausbeutung des Seekanals von Suez und seiner Anhängsel vom 5.1.1956. (DJ,1956,H.4/6, S.126-129) 2

Udina,M.: Juristische Betrachtungen zur Triester Frage.(JfIR,1956 Bd.6, S.100-119)

Auf dem Wege zurück zum souveränen Einzelstaat? - Das neue Profil der UNESCO.(Int.Ib.Pol.,1956,H.1, S.60-63)

Wehe, W.: Die Sicherheitssysteme der Nachkriegszeit.(Int.Ib.Pol., 1956,H.1, S.33-42)

Stellungnahmen der Westmächte und der Sowjetunion zur Frage der Wiederherstellung der deutschen Einheit. (EA,1957,H.1, S.9513-9518) 4

4.Staatsrecht

Altmann, R.: Zum Rechtscharakter der Geschäftsordnung des Bundestages. (DÖV,1956,H.24, S.751-753)

Brünn,M.F.: Verfassungswirklichkeit und Funktionsverschiebungen der norwegischen Verfassung.(Z.POLIT.,1956,H.2, S.132-146)

Carrington,C.E.: Zum Gestaltwandel des britischen Weltreichs. Vom Empire zum Commonwealth. (EA,1956,H.24, S.9433-9440) 3

Darmstaedter,F.: Die Geltung der Grundrechte heute.(BB,1957,H.1, S.1-4)

Dennenkamp,G.: Zum Urteil des Bundesverfassungsgerichtes in dem Verfahren wegen Feststellung der Verfassungswidrigkeit der KPD. (DJ,1956,H.4/6, S.95-104)

Friedensburg,F.: Wirtschaftliche Probleme der deutschen Wiedervereinigung. (AUSS.POL.,1956,H.12, S.757-766)

Geck,W.K.: Die Erschöpfung der "domestic remedies" gemäß Art.26 der Europäischen Menschenrechtskonvention.(DVBl.,1957,H.2, S.41-50) 4

Gutachtliche Äußerungen zur umstrittenen Verfassungsmäßigkeit des Gesetzes über die Verbreitung jugendgefährdender Schriften. (RdJ,1956,H.24, S.382-383) 5

Giese,F.: Mehr Verfassungstreue! (Z.POLIT.,1956,H.2, S.121-131)

Gieseke,P.: Die Zuständigkeit der Länder zur Gründung von Wasser- und Bodenverbänden durch Sondergesetze.(DÖV,1956,H.22, S.682-688) 5

Goldschmidt, D.: Der Streit um die Nationalisierung der britischen Stahlindustrie.(ZSt,1956,Bd.112,H.4, S.720-736)

Hahnenfeld,G.: Das Recht der Kriegsdienstverweigerung.(NJW,1956,H.50, S.1860-1863)

Hamann,A.: Die Rechtsprechung des Bundesverfassungsgerichts über den Gleichheitssatz. (NJW,1957,H.1, S.2-5)

Häusler,W.: Das Schutzbereichgesetz.(DWW,1956,H.12, S.275-278) 5

Henrichs,W.: Zur Verfassungsmäßigkeit der Sperrklauseln in Wahlgesetzen.(NJW,1956,H.46, S.1703-1706)

Hesse, K.: Tagung der Vereinigung der Deutschen Staatsrechtslehrer 1956. (AöR,1956,Bd.81,H.3/4, S.475-483)

Hoffmann,G.: Die Staatsangehörigkeit in den deutschen Bundesländern.(AöR,1956,Bd.81, H.3/4, S.300-341)

Hoffmann,W.: Die Entwicklung des öffentlichen Rechts in Hessen im ersten Halbjahr 1956. (DVBl.,1956,H.23, S.827-829) 5

Knoll,E.: Eingriffe in das Eigentum im Zuge der Umgestaltung gesellschaftlicher Verhältnisse. (AöR,1956,Bd.81, H.3/4, S.342-422) 5,10

Kretschmer: Das Recht im Saarland nach dem 1.1.1957.(NJW,1957,H.2, S.51-52)

Kroemer: Die Entwicklung des öffentlichen Rechts in Niedersachsen im ersten Halbjahr 1956. (DVBl.,1956,H.24, S.860-864) 5

Lindemann: Körper und Name des Menschen. Ein Beitrag zur Auslegung der Art.1 u.2 GG). (DVBl.,1957,H.2, S.37-41) 10

Martens,H.: Zur Rechtsstellung des Apothekergewerbes nach Art.12 Grundgesetz. (DVBl.,1956,H.22, S.782-785) 5

Marx, F.M.: K.Carstens, Grundgedanken der amerikanischen Verfassung und ihre Verwirklichung. Berlin und München 1954. 266 S. (Rez.). (AöR,1956,Bd.81, H.3/4, S.504-510)

Meissinger,H.: Grundlagen und Grenzen der gewerkschaftlichen Machtmittel. (RdA,1956,H.11, S.401-409) 16

Mende,E.;H.Kipp;F.P.Schneider: Wehrdienst und Kriegsdienstverweigerung. (Int.Ib.Pol.,1956,H.1, S.43-56)

Mülbach,P.: Saargewerkschaften in der Zeitenwende. (Gew.Mon.H.,1956, H.11, S.652-656) 16

Panikkar,S.K.M.: Die Neuordnung der indischen Staaten.(AUSS.POL., 1956,H.12, S.774-778)

Prost,G.: Verzicht auf das Oberste Bundesgericht? Zur Frage der Rücknahme eines Verfassungsauftrages. (NJW,1957,H.2, S.41-44) 9

Reuscher,B.: Ernennung und Entlassung von Bundesministern.(SKV,1956, H.12, S.259-260)

Reyher: Ist das zweite Gesetz zur Regelung von Fragen der Staatsangehörigkeit mit dem Grundgesetz vereinbar? (NJW,1956,H.48,S.1782-1785) 3

Rothe,W.: Die Gewerkschaften und der politische Streik. (N.Gesellschaft,1956,H.6, S.424-432) 16

Ruhrmann,H.W.: KPD-Verbotsurteil des Bundesverfassungsgerichts und Staatsschutz-Rechtsprechung des Bundesgerichtshofs. (NJW,1956, H.49, S.1817-1821) 7

Schäfer,H.: Die Eingliederung des Saarlandes in den Geltungsbereich des Grundgesetzes. (DÖV,1957,H.1, S.1-7)

Schätzel,W.: Der heutige Stand des deutschen Staatsangehörigkeitsrechts.(AöR,1956,Bd.81, H.3/4,S.265-300)

Scheyhing,R.: Zur Verfassungsmäßigkeit des § 67 des Personenstandsgesetzes.(FamRZ,1957,H,1,S.4-6) 10,15

Schilling,R.: Jugendschutz und Elternrecht.(Zbl.JugR,1956,H.11, S.280-284) 5,7

Schnitzler: Zur Verfassungsmäßigkeit der Kindergeldgesetzgebung. (MDR,1956,H.12, S.712-714) 17

Stein, E.: Elterliche Mitbeteiligung im deutschen Schulwesen. (JZ,1957,H.1, S.11-17) 5

Thieme,W.: Tagung der Vereinigung der deutschen Staatsrechtslehrer in Mainz am 11.u.12.Okt.1956. (DVBl.,1957,H.1, S.13-15)

Vilmar, O.: Zur Freiheitsentziehung durch einen gesetzlichen Vertreter im Rahmen des Art.104 GG. (SchlHA,1957,H.1, S.6-7)

Zeck, W.: Die Mitgliedschaft von Personen des öffentlichen Dienstes in beschließenden Körperschaften. (SKV,1956,H.11,S.225-226) 5

5. Verwaltungsrecht und Verwaltungsgerichtsverfahren

Berger: Die Allgemeinverbindlicherklärung als Rechtsverordnung. (DVBl.,1956,H.24, S.858-859) 16

Curtius, C.F.: 10. Kongreß des Internationalen Instituts für Verwaltungswissenschaften. (DÖV,1956,H.23, S.723-725)

Dahlinger, E.: Die Beweislast im Verwaltungsprozeß. (NJW,1957,H.1, S.7-9)

Femmer,H.J.;H.Aghte: Zur Bekämpfung des Betäubungsmittelmißbrauchs. (DVBl.,1956,H.22, S.776-782) 7

Fischer: Zum Bundesleistungsgesetz.(ZMR,1956,H.12, S.397-398;1957 H.1, S.1-4) 10

Fischerhof, H.: Probleme der Atomgesetzgebung. (DÖV,1956,H.22, S.688-690) 4,10

Germar,W.von: Städtebau und Enteignung - zum künftigen Bundesbaugesetz. (DVBl.,1956,H.23, S.805-813)

Hans: Die Vollstreckung von verpflichtenden verwaltungsgerichtlichen Urteilen im Bereich des früheren preußischen Rechts.(DVBl.,1956 H.24, S.856-858)

Holle,R.: Das Bundeskriminalamt.(Schluß). (Krim.,1956,H.12, S.431-433) 8

Janssen, F.: Sonderopfer und Begünstigter.(Betr.Rechtsprechung des BGH zum enteignungsgleichen Eingriff und zur Aufopferung). (NJW,1956,H.49, S.1821-1824) 10

Köhler, K.H.von: Rechtsstaat und Opportunitätsprinzip. (DÖV,1956 H.24, S.744-748)

Kohlus: Das 2. Wohnungsbaugesetz. Wohnungsbau- und Familienheimgesetz. (SKV,1956,H.12, S.249-253) 6

Krosigk,A.von: Nochmals: Die Grenzen der Verwaltungsgerichtsbarkeit. (DÖV,1956,H.22,S.690-692)

Külz,H.R.: Verwaltungsgerichtsbarkeit in Zahlen. (DÖV,1956,H.24, S.741-743)

Lange,G.: Über die rückwirkende Aufhebung rechtswidriger begünstigender Verwaltungsakte.(Öff.D.,1956,H.12, S.221-223)

Linn:Beendigung des Verwaltungsprozesses ohne Streitentscheidung in der Sache. (DVBl.,1956,H.23, S.816-821;H.24, S.849-855)

Lotz,E.W.: Die Reformen des Freiherrn vom Stein und die Selbstverwaltung der Gegenwart. (DVBl.,1957,H.1, S.1-6) 2

Markull,F.: Das Vorschlagswesen in der amerikanischen Verwaltung. (DÖV,1956,H,23, S.717-719) 11

Nibler, F.: Das Luftfahrtrecht in der Deutschen Bundesrepublik. (DÖV,1956,H.23, S.709-717)

Pabst:Bundesleistungsgesetz- Reichsleistungsgesetz. Ihre Anwendungsbereiche. (NJW,1957,H.1, S.5-7) 10

Plog,E.: Zu den Grundlagen des Versorgungsrechts.(Betr. Beamtenver sorgung).(Öff.D.,1956,H.12, S.229-233) 17

Rasner,H.: Vorbereitende Bauleitplanung und Enteignung.(DVBl.,1956, H.23, S.813-816)

Rengier,W.: Die Pflicht zur Wahrhaftigkeit im Beamtenrecht. (Öff.D.,1956,H.12, S.223-226)

Rietdorf,F.: Die Grundsätze des neuen Nordrhein-Westfälischen Ordnungsbehördengesetzes.(DÖV,1957,H.1, S.7-16)

Schmidt, R.: Das Bundesleistungsgesetz.(DVBl.,1956,H.22,S.773-776) 10

Tietgen,W.: Grundfragen der Verwaltungsreform in Bund, Ländern und Gemeinden. (DVBl.,1956,H.23, S.824-827)

Tittel: Zur Problematik der Berufungsbeschränkung im Verwaltungsprozeß. (NJW,1956,H.46, S.1700-1703)

Tittel: Die Rechtsprechung der Verwaltungsgerichte.(DRiZ,1956,H.12, S.261-263)

Wernet,W.: Personales und instrumentales Wirtschaften.(SCHM.JB.,1956, H.1, S.1-32)

Wiegand: Handel mit Lebens- und Genußmitteln auf öffentlichen Straßen und Plätzen. (SKV,1956,H.12, S.254-258)

Wittenberg: Lebenshaltungskosten und Ursächlichkeit zur Schädigung bei der Ausbildungshilfe.(RLA,1956,H.24,S.375-377) 17

Zuhorn,K.: 50 Jahre deutsche Kommunalpolitik. Zur Geschichte des Deutschen Städtetages. (DÖV,1956,H.22, S.677-682)

<u>6.Finanz-,Steuer-u.Preisrecht(einschließlich Finanzgerichtsverfahren)</u>

<u>Albers, W.</u>: Der Umfang der staatlichen Tätigkeit und ihre wirtschaftlichen Wirkungen. (Weltw.Arch.,1956,Bd.77, H.2, S.176-234)

<u>Erichsen, K.</u>: Die Problematik des neuen § 7e UmsStG. Eine kritische Betrachtung.(UStR,1956,H.23, S.188-190)

<u>Gudehus,H.</u>: Wir brauchen keine Körperschaftsteuer.(Mbl.freiheitl. Wipol..1956,H.12, S.725-731)

<u>Hartmann,B.</u>: Die Verjährung im Steuerrecht.(BB,1956,H.34, S.1113-1116)

<u>Haegele</u>:Die Behandlung der fortgesetzten Gütergemeinschaft bei der Vermögensabgabe. (RLA,1956,H.24, S.372-375) 14

<u>Heinze, B.</u>: Die Umsatzsteuerbefreiung der Landwirtschaft.(UStR,1956, H.23, S.190-192) 13

<u>Heßler,W.</u>: Änderung und Ergänzung der Lohnsteuer-Durchführungsverordnung. (B,1957,H.1, S.5-8)

<u>Heuer,G.</u>: Bilanzierungsfragen bei Handelsvertretern.(FR,1956,H.22, S.483-486) 12

<u>Littmann, E.</u>: Der Abzug von Sonderausgaben.(FR,1956,H.24, S.529-533)

<u>Littmann, E.</u>: Zur Rechtswirksamkeit von Vorschriften der EStDV. (B,1956,H.50, S.1164-1166)

<u>Paulick,H.</u>: Die Besteuerung der Ehegatten nach dem Steuerrechts-Änderungsgesetz vom 5.10.1956. (FamRZ,1957.H.1, S.1-4)

<u>Paulick, H.</u>: Umfang und Grenzen der finanzamtlichen Steueraufsicht (FR,1956,H.23, S.506-511) 5

<u>Schauffler,G.</u>: Pensionsverpflichtungen und Sicherungsmaßnahmen. (BB,1956,H.33, S.1100-1104) 17

<u>Schettler</u>: Umsatzsteuerliche Betrachtung erbrechtlicher Vorgänge. (UStR,1956,H.23, S.185-188) 10

<u>Schlegel</u>: Pensionszusagen für Gesellschafter-Geschäftsführer bei Personen-Gesellschaften. (FR,1956,H.24, S.536-539) 17

<u>Schmidt,K.</u>: Wirtschaftsordnung und öffentliche Mittelverwendung. (ORDO,1956,Bd.8, S.173-193)

<u>Sprengel</u>:Steuerbegünstigtes Sparen zu Lasten eines Kontokorrentkontos. (B,1956,H.52, S.1217-1219)

<u>Stegmaier,H.</u>: Die Todeserklärung und ihre Wirkungen im Steuerrecht. (FR,1956,H.24, S.540-541) 10

<u>Theis,J.</u>: Zweifelsfragen zu den EinkSt.-und Notopfer-Änderungsgesetzen vom 5.10.1956. (FR,1956,H.24, S.533-535)

<u>Wetzel,E.</u>: Zum Entwurf der neuen Wertzollordnung.(B,1956,H.49, S.1137-1139)

7.Strafrecht,Strafprozeß

Asúa, L.J.de: Das Strafrecht Lateinamerikas im Jahre 1953.(ZStr., 1956,Bd.68, H.2, S.295-315)

Baumann,J.: Pfandentstrickung beim Verkauf gepfändeter Gegenstände. (NJW,1956,H.50, S.1866-1867)

Berger: Durchführung des Unterwerfungsverfahrens im Steuerstrafverfahren. (BB,1957,H.2, S.65-67) 6

Bertling, G.: Änderungen des Steuerstrafrechts. (Krim.,1956,H.12, S.454-455) 6

Boldt, G.: Zur Struktur der Fahrlässigkeits-Tat.(ZStr,1956,Bd.68, H.3, S.335-373)

Busch: Die Bände 3-8 der Entscheidungen des Bundesgerichtshofs zum Besonderen Teil des Strafgesetzbuches.(DRiZ,1957,H.1, S.11-15)

Dipper: Änderung des Wirtschaftsstrafgesetzes 1954.(BB,1957,H.1, S.20-22)

Dreher: Die Strafaussetzung zur Bewährung.(DRiZ,1956,H.12, S.272-273)

Dreher, E.: Die achte Arbeitstagung der Großen Strafrechtskommission vom 25.bis 29.Oktober 1955.(ZStr,1956,Bd.68,H.3, S.417-453)

Ehrhardt,H.: Das Gesetz über das gerichtliche Verfahren bei Freiheitsentziehungen.(NJW,1956,H.50,S.1868-1869)

Fratzscher,A.: Betrachtungen über den 10.Deutschen Jugendgerichtstag.1956. (SchlHA,1956,H.12, S.343-345)

Gräf,E.: Probleme der Todesstrafe im Islam.(ZvR,1957,Bd.59, S.83-122)

Grützner,H.: Staatspolitik und Kriminalpolitik im Auslieferungsrecht.(ZStr,1956,Bd.68,H.3, S.501-518) 3

Hardwig,W.: Sachverhaltsirrtum und Pflichtirrtum.(GA,Str,1956,H.12 S.369-379)

Hartung, F.: Strafverfahrensrecht.(Besprechung von Lehrbüchern und Kommentaren).(ZStr,1956,Bd.68,H.3, S.454-485)

Haver: Ist die Strafgewalt des Finanzamts mit dem Grundgesetz und der Menschenrechtskonvention vereinbar? (NJW,1957,H.3, S.88-90) 6

Hellmer,J.: Die Strafaussetzung zur Bewährung und das Verbot der Schlechterstellung.(JZ,1956,H.22, S.714-716)

Hellmer,J.: Wiedergutmachung und Strafe.(AcP,1956,Bd.155,H.6,S.527-542) .

Hennes,H.: Ladung und Vernehmung: kriminalpolizeiliche Zwangsrechte? (Krim.,1957,H.1, S.1-6)

Herlan,W.: Aus der - nicht in der "Amtlichen Sammlung" veröffentlichten - Rechtsprechung des BGH zu den strafrechtlichen Nebengesetzen.(GAStr,1956,H.11, S.344-352)

Hiete,G.: Probleme des Strafvollzugs und der Strafvollzugsgesetzgebung. (ZStr.,1956,Bd.68,H.2, S.213-232)

Honoré, A.M.: Probleme der Strafrechtsreform in England.(ZStr,1956, Bd.68,H.3, S.489-500)

Kersting, F.: Zum Gesetz über das gerichtliche Verfahren bei Freiheitsentziehungen.(JZ,1956,H.22, S.716-718)

Klug,U.: Zum Begriff der Gesetzeskonkurrenz.(ZStr,1956,Bd.68,H.3, S.399-416)

Kohlhaas,M.: Die Tonbandaufnahme als Beweismittel im Strafprozess. (NJW,1957, H.3, S.81-85)

Krebs,A.: Probleme der Behandlung Rückfälliger in der Strafanstalt. (ZStr.,1956,Bd.68,H.2, S.198-212)

Lackner,K.: Die Abgabe des Verfahrens nach dem Jugendgerichtsgesetz. (GAStr,1956,H.12, S.379-382)

Lackner,K.: Die siebente Arbeitstagung der Großen Strafrechtskommission.(ZStr.,1956,Bd.68,H.2, S.246-292)

Lang-Hinrichsen, D.: Zur Frage der Zurechnung von Folgen der Straftat bei der Strafzumessung.(GAStr,1957,H.1, S.1-13)

Leferenz,H.: Zur Problematik der kriminologischen Prognose. (ZStr.,1956,Bd.68,H.2, S.233-245)

Merz,F.: Die Berücksichtigung des Rückfalls im Auslieferungsverfahren.(GAStr,1957,H.1, S.13-16) 3

Noll,P.: Übergesetzliche Milderungsgründe aus vermindertem Unrecht. (ZStr.,Bd.68,H.2, S.181-197)

Oellrich, W.: Der Strafrechtsausschuß des DRB zu §§ 51, 42b,330 a StGB. (DRiZ,1956,H.12, S.263-265)

Pelle,L.: Die Heranwachsenden im Strafrecht. Der 10.Deutsche Jugendgerichtstag in Marburg vom 10.-13.Oktober 1956.(Zbl.JugR,1956,H.12, S.322-326)

Pentz,A.: Zur Auslegung des § 55 JGG.(JZ,1957,H.2, S.49-50)

Pentz,A.: Nochmals: Die Bewährungsauflage der Schadenswiedergutmachung.(NJW,1956,H.50, S.1867-1868)

Peters,K.: Die Parallelität von Prozeß- und Sachentscheidungen. (ZStr,1956,Bd.68, H.3, S.374-398)

Rebensburg,H.: Für eine Amnestie in politischen Strafsachen.(DJ,1956 H.4/6, S.104-109)

Riedel,H.: Reform des Jugendstrafrechts.(Zbl.JugR,1956,H.12, S.314-317)

Runge,K.: Schutz des Pressegeheimnisses? (ZV u.ZV,1956,H.24,S.932-934)

Sax, W.: Kriminalpolitik und Strafrechtsreform.(JZ,1957,H.1,S.1-7)

Schlotheim,H,H.von: Das Problem der Sühne in der Gegenwart.(Zum Sühnegehalt der Strafe; Fortsetzung).(RdJ,1956,H.23, S.362-363; H.24, S.376-378)

Schneider,E.: Zur Anwendung des § 56 StGB.(JZ,1956,H.23/24, S.750-753)

Schneider,E.: Über den Begriff der "Aussage" in §§ 153, 154 StGB. GAStr,1956,H.11, S.337-343)

Schröder,H.: Konkurrenzprobleme bei den erfolgsqualifizierten Delikten.(NJW,1956,H.47, S.1737-1739)

Schwarz; Der Verbotsirrtum seit der Steuerstrafrechts-Novelle von 1956.(NJW,1956,H.51/52, S.1906-1908)

Seibert,C.: Vorzüge des Schweizer Strafrechts.(GAStr,1956,H.11, S. 353-355)

Entschließungen des 4.Internationalen Kongresses für Soziale Verteidigung vom 2.bis 6.April 1956 in Mailand.(ZStr.,1956,Bd.68,H.2, S.332-334)

Weber,H.von: Das Absehen von Strafe.(MDR,1956,H.12, S.705-707)

8.Kriminalistik,Gerichtliche Medizin, Gerichzspsychiatrie-psychologie

Abele,G.: Abhängigkeit der Fahrweise bei Trunkenheit am Steuer von der Fahrzeugart. (Dtsch.Z.gerichtl.Med.,1956,Bd.45,H.3/4, S.173-184)

Abele,G.: Abhängigkeit der Fahrweise bei Trunkenheit am Steuer von Lichtverhältnissen sowie Straßen-und Reifenbeschaffenheit. (Dtsch.Z.gerichtl.Med.,1956,Bd.45,H.3/4, S.185-193)

Arnet,H.: Einsatz von Nachtsehgeräten im Polizeidienst.(Krim.,1956 H.12, S.434-440)

Berg,S.: Bemerkungen zur Technik der Diaminoxydasebestimmung in Spuren.(Dtsch.Z.gerichtl.Med.,1956.Bd.45, H.1/2, S.66-67)

Corr,J.: Flammen-Verfahren zur Sicherung latenter Fingerspuren. (Krim.,1956,H.12, S.429-431)

Eigenbrodt,O.: Neuralgische Momente der Wirtschaftskriminalistik. (Krim.,1956,H.12, S.425-429)

Frei,M.: Mikroskopische Spuren bei Elektrounfällen.(Krim.,1957,H.1, S.20-24)

Grüner,O.: Untersuchungen über die Beeinflußbarkeit der Alkoholresorption durch psychische Faktoren.(Dtsch.Z.gerichtl.Med.,1956, Bd.45, H.5, S.401-413)

Hallermann,W.: Zur Geschichte des Instituts für gerichtliche Medizin an der Universität Kiel. (Dtsch.Z.gerichtl.Med.,1956,Bd.45, H.3/4, S.247-251)

Hirth,L.: Statistische Untersuchungen über die Bedeutung der sog. Beugefurchen der menschlichen Hand für die Vaterschaftsbegutachtung. (Dtsch.Z.gerichtl.Med.,1956, Bd.45,H.3/4, S.194-209)

Karpisek, K.: Identifizierung von gefälschten Suchtgiftrezepten. (Krim.,1957,H.1, S.16-20)

Klein,H.: Mikroskopische Beobachtungen an Würgemalen.(Dtsch.Z. gerichtl.Med.,1956,Bd.45, H.1/2, S.17-20)

Luff,K.: Beobachtungen über die Druck- und Sogwirkung von Geschossen nach Knochen- und Weichteildurchschüssen.(Dtsch.Z.gerichtl.Med., 1956,Bd.45,H.5, S.414-419)

Naeve, W.: Zur praktischen gerichtsmedizinischen Anwendung des Diatomeennachweises im "großen Kreislauf".(Dtsch.Z.gerichtl.Med., 1956,Bd.45,H.5, S.364-369)

Neugebauer, W.: Versorgungsrechtliche Begutachtung jugendlicher Hirngeschädigter.(Dtsch.Z.gerichtl.Med.,1956,Bd.45,H.5,S.349-354)
17

Niggemeyer, B.: Die Bedeutung der Tatortuntersuchung für das Strafverfahren. (Krim.,1957,H.1, S.6-10) 7

Rauschke,J.: Beitrag zur Erkennung von Scherenstichverletzungen. (Dtsch.Z.gerichtl.Med.,1956,Bd.45,H.1/2, S.53-61)

Speiser, P.: Eine seltene serologische Abklärung einer Abstammungsfrage. (Dtsch.Z.gerichtl.Med.,1956,Bd.45, H.1/2, S.50-52)

Stedry,W.: Infrarotstrahlen im Dienste der Kriminaltechnik.(Krim., 1957,H.1, S.24-26)

Stöckel,F.: Ist instrumentelle Selbstabtreibung durch eine Erstgeschwängerte möglich? (Dtsch.Z.gerichtl.Med.,1956,Bd.45,H.5, S.376-380)

9.Gerichtsverfassung(einschließlich Justizverwaltung, Staatsanwaltschaft,Notariat und Anwaltschaft)

Bötticher,E.: Verweisung des Rechtsstreits an die "Nachbargerichtsbarkeit" kraft Rechtsanalogie. (JZ,1956,H.23/24, S.753-756)

Hirschmann,K.: Das Rechtspflegeministerium.(DRiZ,1957,H.1, S.2-7)

Errichtung eines Obersten Bundesgerichts. (DRiZ,1957,H.1, S.20)

Srzentic,N.: Der Aufbau des Gerichtswesens in Jugoslawien. (DJ,1956,H.4/6, S.118-125) 4

10.Zivilrecht

Arnold,H.: Das chilenische Zivilgesetzbuch vom 14.Dezember 1955 (JZ.1956,H.23/24, S.773-775)

Bader,H.: Gesetzliche Haftpflichtbestimmungen privatrechtlichen Inhalts. (NJW,1956,H.51/52, S.1904-1906)

Baumann,J.: Schuldtheorie und Verbotsirrtum im Zivilrecht? (AcP,1956,Bd.155, H.6, S.494-519)

Ehrenforth,W.: Errechnung der Kostenvergleichsmiete.(BB,1957,H.2, S.61-64)

Glaser: Rechtsprechung zur Werk- oder Betriebswohnung.(B,1956,H.52, (Beil.), S.1-8) 16

Holtgrave,W.: Die Kostenvergleichsmiete.(B,1957,H.1,S.13-16)

Korff,C.: Um die Rechtsgültigkeit des § 19 Abs.2 Bundesmietengesetz. (NJW,1956,H.48, S.1787-1789)

Larenz,K.: Die Begründung von Schuldverhältnissen durch sozialtypisches Verhalten. (NJW,1956,H.51/52, S.1897-1900)

Maier, G.: Die Haftung der Wirtschaftsprüfer und Steuerberater aus § 826 BGB. (B,1956,H.49, S.1149-1150)

Möllers,E.: Probleme zum Kundenfinanzierungsvertrag.(NJW,1956,H.47 S.1740-1743)

Möller-Erzbach,R.: Die Verbandsmacht - eine unbekannte Welt.(JZ,1956 H.22, S.705-709) 12

Paulus, G.: Probleme und Möglichkeiten der institutionellen Ausformung der Sicherungsübereignung.(JZ,1957,H.1, S.7-11;H.2,S.41-48)

Prittwitz und Gaffron, H.G.von: Besitz und Eigentum am Grundschuldbrief bei Abtretung der Grundschuld.(NJW,1957,H.3, S.85-88)

Roquette,H.: Mieterhöhung bei Werkwohnungen.(NJW,1957,H.2, S.48-50) 16

Zepos,P.: Zu einer "gestalttheoretischen" Auffassung des Schuldverhältnisses.(AcP,1956,Bd.155,H.6, S.486-494)

11.Urheber-und Erfinderrecht

Bappert,W.;E.Wagner: Der Begriff der Veröffentlichung nach dem Welturheberrechtsabkommen. (UFITA,1956,Bd.22,H.5/6, S.340-352)

Beau De Lomenie, G.: Patentauslegung im französischen Patentprozeß. (GRUR Ausl.,1956,H.11, S.465-468)

Dietze: Werben mit Patentanmeldungen. (GRUR,1956,H.11, S.492-499) 12

Gamm,von: Verwirkung im Urheberrecht. (NJW,1956, H.48, S.1780-1782)

Harraeus,K.: Die "Niederlegung" einer Erfindung. (GRUR,1956,H.12, S.527-529)

Hirsch,E.E.: Entstehungsgeschichte und Grundlinien des Türkischen Urheberrechtsgesetzes von 1951. (Fortsetzung).(UFITA,1956,Bd.22, H.5/6, S.257-312)

Jannsen,M.: Soll für die Verwertung gemeinfreier Werke eine Vergütung gezahlt werden? (UFITA,1956,Bd.22, H.5/6, S.324-340)

Kunze,A.: Die Prüfung auf Erfindungshöhe. (GRUR,1956,H.12, S.530-531)

Notenwechsel zur Anwendbarkeit der Pariser Verbandsübereinkunft zum Schutze des gewerblichen Eigentums und ihrer Nebenabkommen in der DDR. (GRUR Ausl.,1956,H.11, S.478-483)

Vereinbarung zwischen der Bundesrepublik Deutschland und der Italienischen Republik über Patente für gewerbliche Erfindungen. Vom 12. November 1953. (GRUR Ausl.,1956,H.11, S.483-484)

Schneider, G.: Soll sich das Verbreitungsrecht des Urhebers künftig auf das gewerbsmäßige Vermieten erstrecken? (UFITA,1956,Bd.22,H.5/6, S.312-324)

Tetzner,H.: Superlativwerbung als vergleichende Werbung.(NJW,1956 H.51/52, S.1900-1903)

Winkler,H.: Die verschlechterte Ausführungsform.(Zu § 6 Patent G) (GRUR,1956,H.11, S.487-491)

Zeller:Erfindungshöhe von Gebrauchsmustern.(GRUR,1956,H.12,S.532-533)

12.Handelsrecht,Wertpapierrecht,Kartell-und Wettbewerbsrecht

Alexander-Katz, G.: Die indirekte vergleichende Werbung unter Berücksichtigung des internationalen Rechts. (WRP,1956,H.1, S.293-296)

Bergmann,J.: Preisbindung bei Markenartikeln? (WRP,1956,H.12,S.323-327)

Büntig,H.: Unbedenklichkeitsbescheinungen für Wettbewerbsregeln. (BB,1956,H.35/36, S.1165-1166)

Callmann,R.: Der Goodwill und die freien Berufe unter dem Bundesentschädigungsgesetz. (NJW,1956,H.51/52, S.1909-1912)

Deringer, A.: Zur Auslegung des Montanvertrages - Neue Entscheidungen des Gerichtshofes der Montanunion.(WuW,1956,H.11,S.725-732) 3

Duden: Aktienrechtliche Fragen zur "Organschaft" mit einem Großaktionär.(BB,1957, H.2, S.49-51)

Dürrhammer,W.: Die Neugestaltung des aktienrechtlichen Bilanz- und Erfolgsausweises. (B,1957,H.1, S.1-4)

Föhl,C.: Das Kartellproblem in europäischer Sicht.(Mbl.freiheitl. Wipol.,1956,H.12, S.732-736)

Franta,R.: Das neue Umwandlungsgesetz.(Umwandlung von Kapitalgesellschaften.)(B,1966,H.51, S.1198-1204)

Gessler: Die Umwandlung von Kapitalgesellschaften und bergrechtlichen Gewerkschaften. (BB,1956,H.35/36, S.1175-1179)

Gierke,J.von: Die "Gesellschaft im weiteren Sinn".(ZHK,1956,Bd.119 H.4, S.141-156)

Hirsch,E.E.: Das neue Türkische Handelsgesetzbuch.(ZHK,1956,Bd.119 H.4, S.157-207)

Hoth,J.: Verbotene Kredite.(Zur Problematik der Zugabe).(WRP,1956 H.12, S.328-332)

Hueck,A.: Die Bedeutung der Zwangsamortisation von Geschäftsanteilen für die Sicherung einer Finanzierungs-GmbH.(B,1957,H.2,S.37-40)

Jadesohn:Handelsrechtliche Gesetzgebung der Vereinigten Staaten (1955). (ZHK,1956,Bd.119, H.4, S.208-210)

Leffson,U.: Ambivalente vertikale Preisbindung.(ORDO,1956,Bd.8, S.353-364) 6

Lutz,H.: Sind vertikale Preisbindungen unwirksam? (NJW,1956,H.48, S.1777-1780)

Pabst: Gesetzliche und gewillkürte Vertretung einer Handelsgesellschaft. (BB,1956,H.32, S.1055-1056)

Potthoff,E.: Neue Unternehmensform vordringlicher als Aktienrechtsreform.(B,1957,H.3, S.49-51)

Rheinfels,H.: Wann ist Preisschleuderei sittenwidrig? (WuW,1956,H.12, S.785-789)

Siebert,W.: Nachfolge eines Miterben in die Gesellschafterstellung bei der offenen Handelsgesellschaft.(BB,1957,H.1, S.18-20) 10

Siebert,W.: Nießbrauch am Gewinnrecht des Gesellschafters einer offenen Handelsgesellschaft.(BB,1956,H.34, S.1126-1127)

Sieg,K.: Aktuelle Fragen des Seefrachtrechts. Eine rechtsvergleichende Auswertung neuerer französischer Judikatur.(MDR,1956,H.12, S.708-711)

Sirch,A.: Zur Problematik der Direktverkäufe.(BB,1956,H.32, S.1049-1055)

Spengler,A.: Das Postulat der Sachlichkeit im Wettbewerb.(WuW,1956 H.11, S.721-724)

Varrentrapp:Gilt Schweigen auch bei Auftragsbestätigung durch den Vorlieferanten als Zustimmung? (BB,1956,H.34, S.1124-1126) 10

Würdinger,H.: Räumlicher Geltungsbereich des Gesetzes gegen Wettbewerbsbeschränkungen.(WuW,1956,H.12,S.775-784)

13.Landwirtschaftsrecht

Bärmann, J.: Neues zum spanischen Landwirtschaftsrecht.(AcP,1956 Bd.155,H.6, S.543-548)

Ebeling: Das Verpächterpfandrecht an landwirtschaftlichen Erzeugnissen. (RdL,1956,H.12, S.317-320)

Humbert,H.: Die formlose Bestimmung des Hoferben.(NJW,1956,H.50, S.1857-1860)

Lurz, O.: Die wertgleiche Abfindung in der Flurbereinigung.(NJW, 1956,H.50, S.1865-1866)

14.Familienrecht

Boehmer,G.: Zum schweizerischen Eherecht. (FamRZ,1957,H.1, S.9-11)

Finke:Das künftige eheliche Güterrecht.(BB,1956,H.33,S.1077-1080)

Göppinger,H.: Die geistige Störung i.S.des § 44 Ehegesetz.(NJW,1957 H.2, S.44-48)

Henrichs, W.: Die dienstrechtliche Heiratserlaubnis im Lichte des Art.12 der Menschenrechte-Konvention von Rom.(FamRZ,1956,H.6, S.175-179) 3

Illchmann-Christ,A.: Die Begriffe der geistigen Störung und der Geisteskrankheit im Eherecht.(Dtsch.Z.gerichtl.Med.,1956,Bd.45,H.5, S.420-425) 8

Klein,F.: Die Legitimation der unehelichen und insbesondere der im Ehebruch erzeugten Kinder im französischen Recht.(FamRZ,1957,H.1, S.8-9)

Luther,G.: Das Ehehindernis des Ehebruchs im interzonalen Privatrecht.(FamRZ,1957,H.1, S.6-8) 18

Machleid,W.: Nichtigkeit und Anfechtbarkeit des Adoptionsvertrages. Zur Reform des Adoptionsrechtes. (FamRZ,1956,H.12, S.361-365)

Peterseim,A.: Schlüsselgewalt und Gleichberechtigung.(FamRZ,1956 H.6, S.169-172)

Spindler: Die Verwirklichung des Anspruches auf Herausgabe eines Kindes.(AcP,1956,Bd.155,H.6, S.519-527) 15

Stoldt,E,: Doppelte Prüfung von Kindesannahmeverträgen?(SchlHA, 1956,H.12, S.345-347)

Stree,W.: Strafantragsrecht der Eltern eines Minderjährigen vor und nach der Ehescheidung. (FamRZ,1956,H.12, S.365-367) 7

Weimar,W.: Die Dienstleistungspflicht der Ehefrau.(ArbuR,1956,H.12, S.363-364) 16

15.Zivilprozeß und Freiwillige Gerichtsbarkeit

Arndt,H.: Zivilprozessuale Entscheidungen des BGH (BGHZ Band 16-20) (DRiZ,1957,H.1, S.7-11)

Baumann,J.: Änderung des Prozeßgegenstandes im Zivil- und Strafprozeß. (ZZP,1956,Bd.69,H.5/6,S.356-373) 7

Böhmer,E.: Zur Frage des Anscheinsbeweises für eigenes Verschulden des Eisenbahnfahrgastes. (NJW,1956,H.51/52, S.1908-1909)

Brauer,H.: Zur Lehre vom gleichwertigen Parteivorbringen.(JZ,1956, H.22, S.710-713)

Broggini,G.: Die Maxime "iura novit curia" und das ausländische Recht. (AcP,1956,Bd.155,H.6, S.469-485)

Brunn,W.: Interzonale Zuständigkeit der Vormundschaftsgerichte. (MDR,1956,H.9, S.513-515)

Bull: Unebenheiten des Offenbarungseidsverfahrens.(ZZP,1956,Bd.69, H.5/6, S.338-347)

Cohn, E.J.: Zum Erfordernis der Gegenseitigkeit bei der Vollstreckung englischer Urteile in Deutschland.(JfIR,1956,Bd.6, S.215-224) 18

Gamm,O.F.von: Die Erledigung der Hauptsache. Ein Überblick zum Stand der Meinungen.(MDR,1956,H.12, S.715-718)

Hagemeister,H.: Fragen des Vollstreckungsschutzes.(SchlHA,1957,H.1, S.1-6)

Herber,R.: Der Gerichtsstand in Wettbewerbssachen.(GRUR,1956,H.12, S.534-536) 12

Hunn,F.: Die Verwertbarkeit auf Grund des Zeugnisverweigerungsrechtes unterbliebener Aussagen und durch unerlaubte Handlungen beschaffter Beweismittel.(ArbuR,1956,H.12, S.357-360) 16

Pentz,A.: Die rechtlichen Folgen der neuen Auslegung des § 323 ZPO. (ZZP,1956,Bd.69,H.5/6, S.351-355)

Pleyer,K.: Schallaufnahmen als Beweismittel im Zivilprozeß. (ZZP,1956,Bd.69, H.5/6, S.321-338)

Schumacher,A.: Zur Erteilung der Vollstreckungsklausel bei Gütevergleichen.(ZZP,1956,Bd.69, H.5/6, S.347-351)

16.Arbeitsrecht und Arbeitsgerichtliches Verfahren

Ballschmiede,W.: Zur Lohnzahlung an Minderjährige.(ArbuR,1956,H.12, S.371-372)

Berger: Rechtsgrundsätze des Bundesarbeitsgerichtes zur Weihnachtsgratifikation.(BB,1956,H.32, S.1071-1073)

Bobrowski,P.: Muß die durch das Bremer Arbeitszeitabkommen ermöglichte Verkürzung der Arbeitszeit der außerbetrieblichen Freizeit der Arbeitnehmer zugute kommen? (AG,1956,H.23/24, S.820-822)

Bobrowski,P.: Die Geschäftsordnung des Betriebsrats.(B,1957,H.1, S.21-23)

Die Mitgliederversammlung der Bundesvereinigung der Deutschen Arbeitgeberverbände vom 29.u.30.11.56.(AG,1956,H.23/24,S.793-819)

Clegg,H.: Das Streikrecht in einer freien Gesellschaft.(Gew.Mon.H. 1957,H.1, S.37-42) 4

Diekhoff,L.: Einstweilige Verfügung bei Vertragsbruch des Arbeitnehmers? (ArbuR,1956,H.12,S.353-356) 15

Dipper: Das Gesetz über den Ladenschluß.(BB,1956,H.34, S.1144-1147) 5

Everling,H.: Miteigentum und freie Gemeinwirtschaft.(Gew.Mon.H.,1956 H.12, S.728-736) 10

Falkenroth,G.: Befugnisse der Massenentlassungsausschüsse im Sinne von §§ 15 ff. des Kündigungsschutzgesetzes.(BB,1956,H.33,S.1110-1111)

Fischer: Das nordrhein-westfälische Urlaubsgesetz.(BB,1956,H.35/36, S.1206-1207)

Frey,E.: Zur Frage des Vergleichsverzichtes im Tarifvertragsrecht. (ArbuR,1956,H.11, S.343-344)

Gaul,D.: Der sogenannte Akkordvertrag.(BB,1956,H.35/36, S.1202-1204)

Haberkorn: Nettolohn- oder Bruttolohnurteile.(NJW,1956,H.47,S.1743-1745)

Hartog,F.: Wirtschaftliche Probleme der Arbeitszeitverkürzung. (ZSt,1956,Bd.112, H.4, S.671-684)

Herschel; Schröder: Weihnachtsgratifikation und Vorbehalt der Freiwilligkeit. (BB,1956,H.32, S.1073-1075)

Hilger,M.L.;H.G.Rau;G.Wilke: Leistungsvorbehalt bei betrieblichen Versorgungszusagen. (BB,1956,H.35/36, S.1149-1156) 17

Hoffmann,E.: Krankheit und Unfall als Rechtsfragen in Lehrverträgen. (RdJ,1957,H.2, S.17-19) 17

Kausler,R.: Versorgungszusagen und ihre Rückdeckung in Klein- und Mittelbetrieben.(B,1956,H.52, S.1213-1216) 17

Kretzschmar,A.: Arbeitszeitverkürzung und Lehrlingsausbildung. (BB,1956,H.35/36, S.1204-1206)

Leben,Ch.: Jugendarbeitsschutz im Ausland.(ArbuR,1956,H.11, S.337-342)

Lucas,W.: Vereinbarung von Anlernverhältnissen zur Umgehung tarifmäßiger Entlohnung.(Zbl.JugR,1956,H.12, S.318-320)

Mampel,S.: Probleme des kollektiven Arbeitsrechts bei der Wiedervereinigung. (RdA,1956,H.12, S.441-444)

Mavridis,V.: Eingliederungstheorie, Vertragstheorie und Gemeinschaftsverhältnis.(RdA,1956,H.12, S.444-448)

Metz: Der soziale Besitzstand an der Saar und die Eingliederung in die Bundesrepublik.(AG,1957,H.1/2, S.30-34) 17

Muzzle,H.W.: Betriebsverfassung und Gewerkschaften.(Gew.Mon.H., 1957,H.1, S.43-49) 4

Neumann, D.: Probleme des Urlaubsrechts. (B,1957,H.3, S.68-70)

Nikisch,A.: Probleme des Kündigungsschutzrechts.(Fortsetzung). (B,1956,H.48, S.1133-1134)

Paetel,K.O.: Der "Garantierte Jahreslohn" in USA.(N.Gesellschaft, 1956,H.6, S.471-475)

Pietsch,M.: Automation und Arbeitslosigkeit.(Universitas,1956,H.12 S.1253-1258)

Radke, O.: Gesamtbetriebsrat und Betriebsversammlung.(ArbuR,1956 H.11,S.333-336)

Rewolle,H.D.: Die Überstundenpauschale.(B,1956,H.51, S.1209-1210)

Rick,W.: Macht die Bezugnahme in einem Tarifvertrag auf einen anderen Tarifvertrag den anderen Tarifvertrag zum Bestandteil des ursprünglichen Tarifvertrages? (B,1957,H.2, S.45-46)

Rudolph,F.: Wie steht der Arbeiter zu Betrieb, Arbeit und Gewerkschaft? (N.Gesellschaft,1956,H.6, S.411-417)

Schelp,G.: Aus der Rechtsprechung des Bundesarbeitsgerichts.(MDR 1956,H.12, S.718-721)

Schimana,R.: Lohnzahlung bei Arbeitsverhinderung des Arbeitnehmers (ArbuR,1956,H.11, S.321-331) 17

Schrader:Die Neutralität des Staates bei Arbeitskämpfen und Arbeitslosigkeit.(ZSR,1956,H.11, S.345-347) 17

Schregle,J.: Ausländische Arbeitsgesetzgebung.(RdA,1956,H.11,S.425-426;H.12, S.462-463)

Söllner,A.: Folgen der auf eine Gruppe beschränkten Anfechtung einer Personalratswahl.(ArbuR,1956,H.12,S.361-362) 5

Strasser,R.: Zur Abgrenzung der Betriebsvereinbarung von der Einigung über den Einzelfall.(RdA,1956,H.12, S.448-450)

Sturmthal,A.: Die amerikanischen Gewerkschaften im Betrieb. (Gew.Mon.H.,1957,H.1, S.50-54)

Thiele,W.: Arbeitsrecht und Verwaltungsreform.(ArbuR,1956,H.11, S.331-333) 5

Vogt,W.: Eine Studie über das britische Arbeitsrecht.(ArbuR,1956 H.12, S.365-370)

Wawretzko, H.: Zur Beschäftigungspflicht bei Filmschaffenden. (UFITA,1956,Bd.22, H.5/6, S.352-355)

17.Sozialrecht,Sozialgerichtsbarkeit und Verfahren

Auerbach,W.: Um das Schicksal der Rentner.(Soz.Sicherh.,1957,H.1 S.2-8)

Doublet,J.: Zehn Jahre Soziale Sicherheit in Frankreich.(ZSR,1956 H.11, S.347-350)

Elsholz,K.: Das englische System der sozialen Sicherheit.(ASP,1956 H.12, S.384-387; 1957,H.1, S.4-9)

Enz,R.: Die Widerklage im sozialgerichtlichen Verfahren.(SGb.,1956 H.12, S.380-381)

Frechenhäuser, F.: Sozialgerichtsverfahren - ohne Vorverfahren! (Soz.Sicherh.,1957 H.1, S.8-9)

Gassert,G.: Entwicklungstendenzen in der gesetzlichen Krankenversicherung.(ASP,1956,H.12, S.389-392)

Gassert,G.: Die Finanzierung der gesetzlichen Krankenversicherung und die Versicherungspflichtgrenze.(ASP,1957,H.1, S.13-17)

Gerl:Die Zulassung der Berufung und der Revision "im Urteil" der Sozialgerichte.(SGb.,1956,H.11, S.342-344)

Gölkel,F.: Die Auswirkungen der Jahresarbeitsverdienstgrenzen in der Sozialversicherung bei Angestellten des öffentlichen Dienstes. (Fortsetzung).(Öff.D.,1956,H.11, S.206-208)

Haueisen: Die praktische Bedeutung der Klagen nach § 54 Abs.1 und Abs.4 SGG. (NJW,1957 H.1, S.10-12)

Heubeck, G.: Rentenreform und betriebliche Altersversorgung.(BB, 1956,H.32, S.1041-1045) 16

Höcker,L.: Der Regierungsentwurf zur Neuregelung des Rechts der Rentenversicherung der Arbeiter und Angestellten und die knappschaftliche Rentenversicherung. (ZSR,1956,H.12, S.365-368)

Huber,H.: Es geht um die Altersgrenze. (Betr. Rentenalter für Frauen). (ZSR,1956,H.12, S.371-372)

Knoll,E.: Kann der Versicherungsträger auf die Rechtskraft einer Entscheidung verzichten? (SGb,1956,H.12, S.269-274)

Lange,E.: Gedanken zu einer Altersversorgung der freien Berufe. (ASP,1957,H.1, S.25-27)

Laube: Nochmals: Der Beisitzer im sozialgerichtlichen Verfahren. (SGb.,1956,H.11, S.340-342)

Lublasser: Die Folgen der Rentenentziehung auf die knappschaftliche Rentnerkrankenversicherung.(SGb.,1956,H.11,S.338-340)

Mellwitz:Allgemeine Kammern und allgemeine Senate in der Sozialgerichtsbarkeit? (SGb.,1956,H.11, S.337-338)

Molitor,B.: Sozialpolitik als Lückenbüßer? (Gew.Mon.H.,1956,H.11, S.663-670)

Müller,H.: Ein Kompromiß-Vorschlag für die Rentenreform.(ZSR,1956 H.11, S.337-338)

Neumann,E.: Die Rehabilitation in der gesetzlichen Unfallversicherung nach dem zur Zeit geltenden Recht.(ZSR,1956,H.11, S.343-345; H.12, S.378-379)

Piper,F.: Der Unfall als "Schicksal".(Unfallversicherungsreform) (Mbl.freiheitl.Wipol.,1956,H.12, S.721-724)

Röhm:Landvolk und Sozialversicherung.(ZSR,1956,H.11, S.338-341)
13

Rönitz: Zur Reform der Kindergeldgesetzgebung.(DWW,1956 H.12, S.267-268)

Schrader: Die Bundespostausführungsbehörde für Unfallversicherung und die Pauschgebühren nach § 184 Abs.1 Sozialgerichtsgesetz. (SGb.,1956,H.12, S.374-376)

Schreiber,W.: Das Aktionsprogramm von Reichsbund und V.d.K.keine Reform, sondern ein Rückschritt! (Reform der Kriegsopferversorgung) (ASP,1957,H.1, S.18-21)

Grundsätze des Gesamtdeutschen Blocks/BHE zur Sozialreform.(ZSR, 1956,H.12, S.386-388)

Stein,B.: Freiwillige Sozialleistungen im Handwerk.(ASP,1956,H.12, S.399-402)

Steinjan,W.: Versicherungsmathematik und Rentenreform.(Soz.Sicherh. 1956,H.12, S.359-361)

Stich,H.: Zum Problem der sozialen Sicherheit auf dem Lande.(ASP 1957,H.1, S.27-29)

Wannagat:Um eine Neuordnung der Kriegsopferversorgung.(SGb.,1956 H.12, S.376-378)

Wannagat: Die Jugend im Rahmen der Sozialreform. Ein Vorschlag des Baden-Württembergischen Arbeitsministeriums.(ZSR,1956,H.12, S.376-378)

Wannagat:Über den Vorschlag eines Laien zur Neuordnung der Altersversorgung.(ZSR,1956,H.11,S.341-343)

Wehner,F.: Zur Neuregelung des Rechtes der Arbeitsvermittlung und Arbeitslosenversicherung.(BB,1957,H.1, S.45-47)
16

Willgerodt,H.: Der Familienlastenausgleich im Rahmen der Sozialreform.(ORDO,1956, Bd.8, S.123-171)

18.Internationales Privatrecht

Ferid,M.: Zum Stand der Entwicklung im internationalen Unterhaltsrecht.(FamRZ,1956,H.6, S.165-169)

19.Juristische Ausbildungs- und Prüfungsfragen

Gerth,E.: Die berufliche Fortbildung im öffentlichen Dienst.(Öff.D. 1956, H.11, S.201-204)
5

Buschewеyh,H.: Zur Reform der juristischen Ausbildung in Nordrhein-Westfalen.(JZ,1957,H.2, S.50-53)

C. 10.(20.) VERZEICHNIS DER NEUERWERBUNGEN DER BIBLIOTHEK DES DEUTSCHEN INSTITUTS FÜR RECHTSWISSENSCHAFT 1)

1. ALLGEMEINES

1. Allgemeine und bibliographische Nachschlagewerke, Wörterbücher, Buch- und Bibliothekswesen

Bender, A.: Führer durch das Saarländische Recht 1945-1955. Nach d. Stande v.31.12.1955, mit Gesetzesreg. Saarbrücken 1956 Loseblattausg. II Ea 17479

Die Bundesrepublik 1956/57, vereinigt mit Handbuch für die Bundesrepublik Deutschland. Jg.65. Berlin, Köln 1956 1191 S. II Ea 3829

Dehlinger, A.: Das geltende Landesrecht Baden-Württembergs und seiner bisherigen Länder. Fundstellennachweis nach d.Stand v.1.April 1956 Stuttgart, Köln 1956 64 S. II Ea 17022

Jahrbuch der Deutschen Akademie der Wissenschaften zu Berlin. 1954 Berlin 1956 429 S. I Ea 17527

Frank, O.: Literaturverzeichnis zur Dokumentation 1951 bis 1954. Stuttgart 1955. 120 S. II Ea 17006

Literarisches Vademecum für Justiz und Verwaltung. Jg 52: 1956. Hrsg.v.J. Schweitzer Sortiment. München 1956. 308 S. II Ea 9584

Krupskaja, M.K.: Was Lenin über die Bibliotheken schrieb und sagte. (Aus d.Russ.übers.) Leipzig 1956 100 S. I Ea 17099

Literaturführer für Juristen. 8.Aufl.1956 München 1956. 155 S. II Ea 14663

Prasad, M.D.: A concise Law Dictionary containing English words with Urdu Meanings and Urdu words with their meanings in English 4 th ed.rev. Allahabad 1955. 506 S. V Ea 15577

Studienkatalog der Rechtswissenschaft 1956. Jg.3. Berlin 1956. 52 S. II Ea 14233

1) Die hier angezeigte Literatur ist gemäß der Benutzungsordnung der Bibliothek des Deutschen Instituts für Rechtswissenschaft, für die Mitglieder des Deutschen Instituts für Rechtswissenschaft, Ministerien und zentrale Institutionen der Deutschen Demokratischen Republik und nach der Leihverkehrsordnung der Bibliotheken ausleihfähig.-Verzeichnis 1-10 ist enthalten im Mitteilungsblatt des Deutschen Instituts für Rechtswissenschaft 1953, Nr 1 - 1955, Nr 3.

Instituto de derecho comparado Universidad nacional autonoma de Mexiko.(Bibliographie des Verfassungsrechts Mexikos,der Garantien und Schutzbestimmungen, span.:) Ensayo bibliografico de derecho constitucional Mexicano y de garantias y amparo. Mexiko 1947. 173 S. V Ea 15191

Wehrdienst-Kalender. (WD-Kal.) Ein Taschenbuch für Soldaten und Zivilpersonen im Dienste der Deutschen Bundeswehr u.d.wichtigsten Gesetzen u.Bestimmungen von dienstl.u.persönl.Interesse. Hrsg.von H.Bierner,E.Elsner u.G.Herberger. 2.verb.Aufl. München 1956. 304 S. II Ea 17104

2.Biographien

Höhle,T.: Franz Mehring. Sein Weg zum Marxismus 1869 - 1891. Berlin 1956 339 S. I Ea 17047

Höss,I.: Georg Spalatin 1484 - 1545. Ein Leben in der Zeit des Humanismus u.der Reformation. Weimar 1956 467 S. I Ea 14989

Ilberg,H.: Clara Zetkin. Aus d.Leben u.Wirken e.großen Sozialistin. Berlin 1956 216 S. I Ea 17623

Ljudvinskaja,T.F.: (Der große, volksverbundene und schlichte Lenin, russ.:) Velikij,blizkij i prostoj. Moskau 1956 39 S. III Ea 15672

Wehberg,H.: Hugo Grotius. Wiesbaden 1956 61 S. II Ea 17058

3.Philosophie

Aristoteles: Nikomachische Ethik. Übers.v. F.Dirlmeier. Berlin 1956 606 S. I Ea 17634

Das Problem der Freiheit im Lichte des wissenschaftlichen Sozialismus. Konferenz d.Sektion Philosophie d.Deutschen Akademie d.Wissenschaften zu Berlin, 8.bis 10.März 1956. Protokoll. Berlin 1956 548 S. I Ea 17048

Fuchs,E.: Christliche und marxistische Ethik. Lebenshaltg u.Lebensverantwortg d. Christen im Zeitalter d.werdenden Sozialismus.T.1. Leipzig 1956. 183 S. I Ea 17206

Geiger,T. Ideologie und Wahrheit. Eine soziologische Kritik d. Denkens. Stuttgart, Wien 1953. 193 S. II Ea 17025

Gramsci,A.: (Der historische Materialismus und die Philosophie des Benedetto Croce, italien.:) Il materialismo storico e la filosofia Benedetto Croce. Turin 1955. 299 S. V Ea 15659

Heine,H.: Zur Geschichte der deutschen Philosophie. Berlin 1956 230 S. I Ea 14905

Kalow,G.: Zwischen Christentum und Ideologie, Die Chance d.Geistes im Glaubenskrieg d.Gegenwart. Krit.Versuch zu Lautréamont, Simone Weil, Robert Musil u.W.H.Auden. Heidelberg 1956. 126 S. II Ea 17555

Lehmann,G.: Kants Besitzlehre. Berlin 1956 18 S. I Eb 385

Ottoviano,C.: Kritik des Idealismus.2.,durchges.Aufl.(Aus d.Italien. übers.) Münster 1956 184 S. II Ea 17502

(Studien zur Geschichte der philosophischen und gesellschaftlichen Ideen in Polen, poln.:) Z dziejów polskiej myśli filozoficznej i społecznej. Bd 1.2. Warschau 1956 Bd 1: 322 S. Bd 2: 363 S. IV Ea 14220

Rosental,M.: Die Dialektik in Marx'"Kapital". (Aus d.Russ.übers.) Berlin 1957. 446 S. I Ea 17621

Stanislavskij, K.S.: (Ethik, russ.:) Etika. Moskau 1956 43 S. III Ea 15701

4.Wirtschaftswissenschaft

Černomordik,D.: (Was ist das allgemeine Gesetz der kapitalistischen Akkumulation, russ.:) Počemu bogatejut kapitalisty i bednejut rabočie. Moskau 1956 86 S. III Ea 14590

Dragilev,M.S.: (Die amerikanischen Monopole bei der Verfolgung des maximalen Gewinns, russ.:) Amerikanskie monopoli v pogone za sverchpribyljami. Moskau 1956 266 S. III Ea 14832

Drucker,P.F.: Praxis des Management. Ein Leitfaden für die Führungs-Aufgaben in der modernen Wirtschaft.(Aus d.Engl.übers.) Düsseldorf 1956 475 S. II Ea 14558

3.gemeinsame Tagung d.Mitglieder der Beratenden Versammlung d.Europarates u.d.Mitglieder d.Gemeinsamen Versammlung d.Europäischen Gemeinschaft für Kohle und Stahl. (27.Okt.1955.) Ausführl.Sitzungsbericht. Strassburg 1955. 88 S. V Ea 14881

Der Europäische Wirtschaftsrat in Paris (OEEC). 5.Jahresbericht der Europäischen Zahlungsunion. Dt.Uebers. Hrsg.: Bundesministerium f. wirtschaftliche Zusammenarbeit. Bonn 1956. 91 S. Tab.u.Abb. II Ea 17293

Ferrara,F.: (Vorlesungen über politische Oekonomie, Bd 1.2,italien.:) Lezioni di economia politica, Vol.1.2. Bologna 1934-1935 Bd 1: 803 S. Bd 2: 793 S. Ea 15624

Heuer,J.; L.Lowinski: Das Eigenheim. Eine soziolog.u.volkswirtschaftl.Analyse. Köln 1955 236 S. II Ea 17508

Jostock,P.: Das Sozialprodukt und seine Verteilung. Paderborn 1955 47 S. II Ea 14689

Lehmann,G.: Marktformenlehre und Monopolpolitik. Eine Gesamtwürdigung monopolistischer u.kompetiver Märkte in d.freien Verkehrswirtschaft. Berlin 1956 265 S. II Ea 14609

Neuss,E.: Aktenkunde der Wirtschaft.Hrsg.von d.Staatl.Archivverwaltung im Staatssekretariat f.innere Angelegenheiten. T.2: Volkseigene Wirtschaft < 1945 - 1955.> Berlin 1956 467 S. I Ea 8639

Schmidt,J.L.: Neue Probleme der Krisentheorie. Berlin 1957 38 S. I Ea 17627

Švec,V.V.: (Die Wirtschaft der Volksrepublik Albanien, russ.:) Ekonomika narodnoj respubliki Albanii. Moskau 1956 110 S.
III Ea 15463

Trachtenberg, I.A.: Kapitalistische Reproduktion und Wirtschaftskrisen. Theoret.Abriss. (Aus d.Russ.übers.) Berlin 1957. 153 S.
I Ea 17619

Grundsätze der Wirtschaftspolitik. Hrsg.von E.Eucken u.K.P.Hensel 2.unveränd.Aufl. Tübingen, Zürich 1955 396 S. II Ea 17067

Wolf,H.: Wirtschaftskrisen - eine unheilbare Krankheit des Kapitalismus. < Eine gemeinverständl.Darstellg d.Unvermeidbarkeit kapitalist. Wirtschaftskrisen.> Leipzig, Jena 1956. 63 S. I Ea 17526

5.Geschichte

Burckhardt, J.: Weltgeschichtliche Betrachtungen. Frankfurt/M. 1955 313 S.
II Ea 17553

Craig,G.A.: The Politics of the Prussian army 1640-1945. New York, Oxford 1956 536 S. V Ea 14955

Hammer,W.: Hohes Haus in Henkers Hand. Rückschau auf die Hitlerzeit, auf Leidensweg und Opfergang deutscher Parlamentarier. Frankfurt/M. 1956. 120 S. II Ea 14637

(Vorträge der sowjetischen Delegation auf dem 10.Internationalen Historikerkongress in Rom. September 1955, russ.:) Desjatyj meždunarodnyj kongress istorikov v Rime. Sentjabr 1955 g. Moskau 1956 685 S.
III Ea 14959

Lauer,H.E.: Geschichte als Stufengang der Menschwerdung. Ein Beitrag zu einer Geschichtswissenschaft auf geisteswissenschaftlicher Grundlage. Bd 1. Freiburg/Brsg. 1956 307 S. II Ea 17251

Pasuto,V.T.: (Der heldenhafte Kampf des russischen Volkes um die Unabhängigkeit im 13.Jahrhundert, russ.:) Geroičeskaja bor-ba russkogo naroda za ňezavisimost' XIII veka. Moskau 1956 278 S.
III Ea 14225

Pirenne,H.: Geschichte Europas. Von der Völkerwanderung bis zur Reformation.(Aus d.Französ.übers.) Berlin, Frankfurt/M.1956. 574 S.
II Ea 17558

Urkundliche Quellen zur Hessischen Reformationsgeschichte. Bd 3: 1547 - 1567 Bearb.nach W.Kohler u.a.von G.Franz u.E.G.Franz. Marburg 1955 480 S. II Ea 1205

Stern,L.: Der Freiheitskampf des spanischen Volkes 1936-1939 Berlin 1956 40 S. I Ea 17089

6.Politik

Baglikov, B.: (Der 2.Parteitag der RSDRP, russ.:) Vtoroj s ezd RDSRP. Moskau 1956 94 S. III Ea 14586

Borisov,S.: (Der 7.Parteitag der RKP (b) russ.:) Sed'moj s-ezd RKP (b). Moskau 1956 62 S III Ea 15439

Eyermann,K.H.: Der 20.Parteitag der KPdSU zu militärischen Fragen. Berlin 1956. 47 S. I Ea 17050

Kolesnikov, A.: (Der 13.Parteitag der RKP (b),russ.:) Trinadcatyj s-ezd RKP (b). Moskau 1956. 85 S. III Ea 14960

Der 8.Parteitag der Kommunistischen Partei Chinas. Dokumente. Bd 1.2. Peking 1956. Bd 1: 317 S. Bd 2: 427 S. IV Ea 17620

(Der 20.Parteitag der KPdSU, russ.:) XX.s-ezd kommunističeskoj partii sovetskogo sojuza. 14 - 25 Febralja 1956 goda. Bd 1.2. Moskau 1956. Bd 1: 640 S. Bd 2: 559 S. III Ea 15688

Liebe,W. Die Deutschnationale Volkspartei 1918-1924. In Zusammenarb.mit d.Forschungsausschuß d.Vereinigg f.d.Wiss.v.d.Politik, hrsg. v.d. Kommission f.Gesch.d.Parlamentarismus u.d.polit. Parteien. Düsseldorf 1956 190 S. II Ea 17138

Mühlenfeld,H.: Politik ohne Wunschbilder. Die konservative Aufgabe unserer Zeit. München 1952 387 S. II Ea 14554

Neumann,S.: Modern political Parties. Approaches to comparative politics. Chicago 1956 460 S. V Ea 17561

Reden zur politischen Verantwortung. Von H.Ehlers, W.Kaiser u.a. Bremen 1956 91 S. II Ea 17499

SPD- Landesorganisation Hamburg. Jahresbericht 1954/55. Hamburg 1956 60 S. II Ea 15851

(Die Lage und der Kampf der Werktätigen in den kapitalistischen Ländern, russ.:) Položenie i bor'ba trudiaščichsja v stranach kapitala. Moskau 1956 358 S. III Ea 14835

Zum Problem des Gleichgewichts zwischen Wirtschaftspolitik und Staatspolitik. Volltagg d.Dt. Industrie- und Handelstages am 20.April 1956 in Köln. Bonn 1956 64 S. II Ea 17504

II. RECHTSWISSENSCHAFT

1.Gesetzesmaterialien und Dokumente (auch Verfassungen und Kurzkommentare)

... und Ägypten? Eine Dokumentation. Hrsg.v.d. Deutschen Liga für die Vereinten Nationen u.vom Friedensrat. Berlin 1956. 80 S. I Ea 17236

Die hauptsächlichsten Bestimmungen über die Arbeit der Arbeiter und Angestellten. Eine Samml.sowjetischer Materialien. (Aus d.Russ. übers.) Berlin 1956 134 S. I Ea 17445

Bettermann,K.A.: Kommentar zum Mieterschutzgesetz und seinen Nebengesetzen. Tübingen 1950 Loseblattausgabe. II Eb 384

Bürgerliches Gesetzbuch nebst wichtigen Nebengesetzen, Textausgabe mit Anmerkungen und Sachregister. Hrsg.vom Ministerium der Justiz d.Regierung d.DDR. 2.Aufl. Berlin 1956 700 S. I Ea 14990

The Constitution of New Hampshire as amended by the Constitutional Convention held at Concord 1876. Concord 1877   31 S.   Ea 15317

Flurbereinigungsgesetz. Komm.von R.Steuer. München,Berlin 1956.
574 S.   II Ea 17602

Geib,E.: Schleswig-Holsteinisches Landesbeamtenrecht. Kommentar d. Landesbeamtengesetzes nebst beamtenrechtl.Nebenbestimmgn.
Stuttgart 1956   598 S.   II Ea 17533

Documents on Germany under occupation 1945-1954 Selected and ed. by B.R.von Oppen. London,New York, Toronto 1955 660 S. V Ea 14817

Französische und sächsische Gesandtschaftsberichte aus Dresden und Paris 1848-1849. Hrsg.v.H.Kretzschmar u.H.Schlechte. Berlin 1956.
548 S.   I Ea 17094

Gramsci,A.: (Briefe aus dem Gefängnis, ital.:) Lettere dal carcere.
Turin 1954   260 S.   V Ea 15659

(Verfahrensordnungen der internationalen politischen Konferenzen des 20. Jahrhunderts,Ausgewählte Dokumente,russ.:) Pravila procedury meždunarodnych političeskich konferencij XX. veka. Izbrannye dokumenty.
Moskau 1955   70 S.   III Ea 15480

Kostengesetze, Gerichtskostengesetz, Kostenordnung und Kostenvorschriften des Arbeitsgerichts- und Landwirtschaftsverfahrensgesetzes. Begr.von A.Baumbach, fortgef.von W.Lauterbach. 13.Aufl. München, Berlin 1956   828 S.   II Ea 14880

Das Kraftfahrzeugsteuerrecht. Systematische Zusammenfassg aller geltenden Bestimmungen. Zsgest.von A.Kohle. Stand 1.Aug.1956
Berlin 1956   87 S.   I Ea 17098

Landsberg,W.H.: Das Internationale Abkommen über die Todeserklärung Vermisster vom 6.April 1950 nebst Einf.,Entstehungs- und Entwicklungsgeschichte d.Entwurfs u.Kommentar zu dem Abkommen. Anh.: Die Gesetzgebung d.Bundesrepublik Deutschland u.von Berlin. Köln, Berlin 1955
96 S.   II Ea 14870

Verfahrensordnung für Landwirtschaftssachen < LVO > u.Verordngn über d.Rechtsbeschwerde in Landwirtschaftssachen < LVR > mit e.Zusammenstellg anderer einschläg.Best.d.Landwirtschaftsrechts u.d.Verfahrensrechts erl.v.F.Barnstedt u.G.Meyer. Münster 1952 356,12 S.
II Ea 17642

Das Lebensmittelgesetz mit seinen wichtigsten Verordnungen und einigen neuen Anordnungen der DDR mit kurzen Erläuterungen nach dem Stande vom 1.September 1956. Von G.Farchmin. Berlin 1956   78 S.
I Ea 14982

Das geltende Lohnsteuerrecht. Die Besteuerg d.Arbeitseinkommens d. Lohnempfänger u.d.freischaffenden Intelligenz. < Stand v.1.Juli 1956 > Zsgest.u.überarb.v.G.Voland.(4.,überarb.Aufl.) Berlin 1956. 224 S.
I Ea 17090

Meyer,H.;G.Meulenbergh: Reichsgesetz betr.die Erwerbs- und Wirtschaftsgenossenschaften. 8.,neubearb.Aufl. München,Berlin 1956
691 S.   II Ea 17088

Mrkušič, Ž.: (Sammlung von Vorschriften über den Aussenhandel und über den Devisenverkehr. 4.Aufl.,slowen.:) Zbirka propisa o spolnoj trgovini i deviznom poslovanju. 4.izd. Belgrad 1956. 403 S.
IV Ea 15255

Pohlmann,H.;K.G.Hasemann: Strafvollstreckungsordnung. (StVollstrO). Handkommentar. Bielefeld 1956. 424 S. II Ea 17018

Polizeistrafgesetzbuch für Bayern. Erl.von G.Ziegler u.J.Ulrich. Berlin 1955. 387 S. II Ea 17008

Rabofsky,E.: Das österreichische Landarbeitsrecht. Erl.Ausg.d.Landarbeitsgesetzes u.sämtl.LandarbeitsVO d.Bundesländer samt einschläg. VO mit e.Vorwort v.K.Mantler. Wien 1955. 323 S. V Ea 17530

Redzierski,L.;S.Zakrzewski;S.Ziołkowski: (Der genossenschaftliche und der individuelle Wohnungsbau. Vorschriften u.Erläuterungen, poln.:) Spółdzielcze indywidualne budownictwo mieszkaniowe. Przepisy i objaśnienia. Warschau 1956. 189 S. IV Ea 15537

(Gesetz über staatliche Ruhegelder, russ.:) Zakon o gosudarstvennych pensijach. Moskau 1956. 30 S. III Ea 15829

Siekić,M.: (Sammlung der Steuervorschriften, slowen.:) Zbirka propisa o porezima. Belgrad 1955. 488 S. IV Ea 15493

Schaffarczyk,H.: Neues deutsches Paßrecht. Kommentar zum Gesetz über das Paßwesen vom 4.März 1952. 2.neubearb.Aufl. Karlsruhe 1956. 334 S.
II Ea 17101

Seeler, H.J.: Das Staatsangehörigkeitsrecht von Jugoslawien. Frankfurt/M.,Berlin 1956. 164 S. II Ea 17110

Šnuderl, M.: (Dokumente über die Entwicklung der Volksmacht in Slowenien,jugosl.:) Dokumenti o rázvoju ljudske oblastiv Sloveniji. Ljubljana 1949. 240 S. IV Ea 15600

Staatsbürgerrecht mit Grundgesetz, Staatsbürgergesetz, Bundesverfassungsgerichtsgesetz, Bundeswahlgesetz, Versammlungsgesetz,Bundesvertriebenengesetz, Bundesevakuiertengesetz, Sachregister.Textausg. Köln 1956. 202 S. II Ea 17639

Das spanische Strafgesetzbuch vom 23.Dez.1944. Berlin 1955. 109 S.
II Ea 17115

(Die Strafprozeßordnung der Ukrainischen SSR, russ.:) Ugolovnoprocessual'nyj kodeks Ukrainskoj SSR. Moskau 1955. 162 S.
III Ea 15429

Strassenverkehrsordnung. Gliederung u.Inhalt zur Strassenverkehrsordnung. Hrsg.: Hauptverwaltung Deutsche Volkspolizei. Berlin 1956. 31 S. I Ea 14981

Hearings before the Committee on Un-American Activities. House of Representatives. 84 th Congress, 1 st sess. (Index in part 4 of these hearings.) Washington 1955. S.819-909. V Ea 15325

Das Urheberrecht an Werken der Literatur. Eine Sammlung sowjetischer offizieller Materialien. Zsgest.von L.M.Asow u.S.A.Schazillo. Berlin 1956. 179 S. I Ea 17195

(Gesetz über die Organisation der Volksgerichte in der Chinesischen Volksrepublik, russ.:) Zakon ob organizacii narodnogo suda Kitajskoj Narodnoj Respubliki. Moskau 1955. 14 S. III Ea 15836

2.Rechtswissenschaft allgemein

Fyzee,A.A.A.: Outlines of Muhammadan Law. 2 nd ed. Oxford 1955. 445 S. V Ea 15297

3.Staats-und Rechtstheorie

Auer,A.: Der Mensch hat Recht. Naturrecht auf dem Hintergrund des Heute. Graz,Wien,Köln 1956. 398 S. V Ea 17103

Castiglia,T.A.: (Staat und Recht bei Hans Kelsen, ital.:) Stato e diritto in Hans Kelsen. Turin 1936. 195 S. Ea 15655

Cullmann,O.: Der Staat im Neuen Testament. Tübingen 1956. 84 S. II Ea 17066

Dahl,R.A.: A Preface to democratic theory.Chicago 1956 155 S. V Ea 17565

Datlin,S.: (Der Zerfall des Kolonialsystems im Imperialismus,russ.:) Raspad kolonial'noj sistemy imperializma. Moskau 1956. 69 S. III Ea 17459

Fechner,E.: Rechtsphilosophie. Soziologie u.Metaphysik d.Rechts. Tübingen 1956 303 S. II Ea 17220

Grodzins, M.: The Loyal and the disloyal. Social boundaries of patriotism and treason. Chicago 1956. 319 S. V Ea 17534

Hegedüs,A.: (Das Bündnis der Arbeiterklasse und der Bauern, ungar.:) A munkásosztály és a parasztsá szövetsege. Budapest 1955. 51 S. IV Ea 14829

Leoni,B.: (Für eine Theorie des Irrationalismus im Recht, ital.:) Per una teoria dell'irrazionale nel diritto. Turin 1945. 210 S. V Ea 15636

Lesakov,V.: (Die Volksrepublik Rumänien im Kampfe um den Sozialismus, russ.:) Rumynskaja narodnaja respublika v bor'be za socializm. Moskau 1955 39 S. III Ea 15386

Meis,A.C.de: F.Fiorentino: (Die Probleme des modernen Staates, ital.:) I problemi dello stato moderno. Bologna 1947 157 S. V Ea 15651

Nawiasky,H.: Allgemeine Staatslehre. T.2.3. Einsiedeln,Zürich, Köln 1952-1956. T.2, Bd 1: 288 S. 1952. T.2, Bd 2: 220 S.1955. T.3: 176 S. 1956. II Ea 17117

Pozolotin,M.E.: (Das albanische Volk im Kampfe um den Sozialismus, russ.:) Albanskij narod v bor'be za socializm. Moskau 1955. 39 S. III Ea 15416

Recht,Rechtsbewustsein und Moral. (Aus d.Russ.übers.) Berlin 1956. 85 S. I Ea 17514

Recht und Institution.Eine Fortsetzg d.Göttinger Gesprächs von 1949 über d.christl. Begründg d. Rechts.Hrsg.von H.Dombois. Referate, Verhandlungsbericht.Thesen. Witten/Ruhr 1956. 72 S. II Ea 17131

Ritter, K.: Zwischen Naturrecht und Rechtspositivismus. Eine erkenntnistheoret.Auseinandersetzg mit d.neueren Versuchen zur Wiederherstellg einer Rechtsmetaphysik. Mit e.Vorw.v.H. Dombois. Witten/Ruhr 1956. 128 S. II Ea 17130

Schnitzer,A.F.: De la Diversité et de l'unification du droit. Aspects juridiques et sociologiques. Basel 1946. 111 S. V Ea 15840

Sergeev,M.A.: (Der nichtkapitalistische Entwicklungsweg der kleinen Völker des Nordens, russ.:) Nekapitalističeskij put' razvitija malych narodov severa. Moskau 1955. 569 S. III Eb 332

Sobolev, A.: Die welthistorische Bedeutung des sozialistischen Lagers. (Aus d.Russ.übers.) Berlin 1956. 38 S. I Ea 14985

Vanderbilt,A.T.: The Challenge of law reform. Princeton 1955. 194 S. V Ea 17270

Walz,H.H.; H.H.Schrey: Gerechtigkeit in biblischer Sicht. Eine oekumenische Studie zur Rechtstheologie. Frankfurt/M. 1955. 164 S. V Ea 17018

Weber,M.: Staatssoziologie. Mit e.Einf.u.Erl. Hrsg.v.J.Winckelmann. Berlin 1956. 129 S. II Ea 17083

Weischedel,W.: Recht und Ethik. Zur Anwendg ethischer Prinzipien in d.Rechtsprechg d.Bundesgerichtshofs. Vortr.,geh.v.d.Jurist.Studienges.in Karlsruhe am 11.Nov.1955. Karlsruhe 1956. 36 S. II Ea 17135

Wissenschaftliche Schriften des Saratowschen juristischen Instituts D.I.Kurskis, russ.:) Učenye zapiski Saratovakogo Juridiceskogo Instituta im. D.I.Kurskogo. Vyp.4. Saratov 1956. 199 S. III Ea 15509

4.Geschichte der Staats-und Rechtstheorie

Garssen,H.von: Die Naturrechtslehre des Gabriel Vasquez. Göttingen 1951. 102 S. Göttingen,Jur.Fak.,Diss.vom 7.Febr.1951 II Ea 15765

Niccolò Machiavelli.Auswahl u.Einl.von C.Schmid. Frankfurt/M. 1956. 221 S. II Ea 14953

5.Staats-und Rechtsgeschichte

Jankovic: (Die Geschichte des Staates und des Rechts in Serbien im 19.Jahrhundert, slowen.:) Istorija države i prava Srbije XIX.veku. Belgrad 1955. 173 S. IV Ea 15535

Korosec,V.: (Abriss des römischen Rechts. T.2,H.1.2, slowen.:) Oćrt rimskega prava. Del II,1.2. Ljubljana 1953. H.1: 150 S. H.2: 290 S. IV Ea 15602

Kunkel,W.: Römische Rechtsgeschichte. Eine Einf.2.erw.Aufl. Köln,Graz 1956. 161 S. II Ea 17532

Merzbacher, F.: Judicium provinciale ducatus Franconiae. Das kaiserliche Landgericht des Herzogtums Franken-Würzburg im Spätmittelalter. München 1956. 238 S. II Ea 17478

Mitteis,H.: Deutsche Rechtsgeschichte. Ein Studienbuch. Neubearb. v.H.Lieberich. 4.,erw.Aufl. München,Berlin 1956. 221 S. II Ea 17353

Repgen,K.: Märzbewegung und Maiwahlen des Revolutionsjahres 1848 im Rheinland. Bonn 1955. 381 S. II Ea 17645

Thanh-Luong: Kurze Geschichte Vietnams. (Aus d.Engl.übers.) Leipzig, Jena 1956. 47 S. I Ea 17525

6.Völkerrecht und Außenpolitik

Ball,M.M.; H.B.Killough: International Relations. New York 1956. 667 S. V Ea 17563

Bodmer,H.: Die Stellung der Staaten in den internationalen Organisationen unter besonderer Berücksichtigung der Kleinstaaten. Winterthur 1955. 136 S. Zürich,Jur.Fak.,Diss.von 1955 V Ea 17026

Dahm, G.: Zur Problematik des Völkerrechts. Göttingen 1956. 86 S. II Ea 17139

Dietze,G.: Über Formulierung der Menschenrechte. Berlin 1956. 178 S. II Ea 17364

Dürrenmatt,P.: Totes und lebendiges Europa. Eine Zeitbetrachtg. Basel 1953. 30 S. V Ea 17603

Guiton,R.J.: Paris-Moskau. Die Sowjetunion in der auswärtigen Politik Frankreichs seit dem Zweiten Weltkrieg. Stuttgart 1956. 336 S. II Ea 17087

Harpe,W.von: Die Sowjetunion, Finnland und Skandinavien 1945-1955. 2 Berichte zu den internat. Beziehungen d.Nachkriegszeit. Köln, Graz 1956. 66 S, II Ea 17559

Hofer,W.: Neutralität als maxime der schweizerischen Aussenpolitik. Vortr.anläßl.d.Jahresfeier d.Dt.Hochschule f.Politik Berlin im Jahre 1956. Berlin 1956. 31 S. II Ea 17361

Kraus,H.: Probleme des europäischen Zusammenschlusses. Würzburg 1956. 74 S. II Ea 17278

Langer,W.L.: Die Innenseite der amerikanischen Aussenpolitik. (Aus d.Engl.übers.) Laupheim/Württ. 1956. 31 S. II Ea 17593

Laun,R.: Der dauernde Friede. Rede,geh.anlässl.d.Feier d.Rektorwechsels an d. Univ.Hamburg am 6.Nov.1947. 2.Aufl. Hamburg 1950. 44 S. II Ea 12598

Lisovskij, V.I.: (Das Völkerrecht, russ.:) Meždunarodnoe pravo. Kiew 1955. 476 S. III Ea 15451

Mirskij,G.: (Der Bagdad-Pakt-Waffe des Kolonialismus, russ.:) Bagdadskij Pakt orudie kolonializma. Moskau 1956. 55 S. III Ea 17126

Natarajan,L.: Von Hiroschima bis Bandung. Ein Überblick über d. amerikanische Politik in Asien. (Aus d.Engl.übers.) Berlin 1956. 203 S. I Ea 17096

Orfield,L.B.;E.D.Re: Cases and materials on international law. Indianapolis 1955. 781 S. V Eb 379

Putlitz, W.Gans Edler Herr zu: Unterwegs nach Deutschland. Erinnergn e.ehemaligen Diplomaten (2.Aufl.)Berlin 1956. 378 S. I Ea 17205

Šapiro,A.I.: (Die ökonomische Expansion des Monopolkapitals der USA im Westen Europas nach dem 2.Weltkrieg, russ.:) Ekonomičeskaja,ekspansija monopolističeskogo kapitala SŠA v zapadnoj Evrope posle vtoroj mirovoj vojny. Moskau 1956. 435 S. III Ea 15420

Stanka,R.: Die Menschenrechte. Ihre Geschichte u.ihre Problematik. 2 Vortr. Wien 1954. 39 S. V Ea 17550

Sturzo,L.: (Die internationale Gemeinschaft und das Kriegsrecht, ital.:) La comunità internazionale e il diritto di guerra. Bologna 1954. 346 S. V Ea 15621

Westerfield,H.B.: Foreign Policy and party politics. Pearl Harbor to Korea. New Haven 1955 448 S. V Ea 17219

Wright,Qu. The Study of international relations. New York 1955. 642 S. V Ea 17005

7.Staatsrecht

Die Neugliederung des Bundesgebietes. Gutachten d.von d.Bundesregierung eingesetzten Sachverständigenausschusses. Hrsg.: Bundesminister d.Inneren. Bonn,Köln,Berlin 1955. 221 S. II Eb 380

Cereti,C.: (Lehrbuch des italienischen Staatsrechts. 4.Aufl., ital.:) Corso di diritto costituzionale italiano. 4.ed. Turin 1954. 499 S. V Ea 15641

Dennenkamp,G.: Zum Verbotsurteil gegen die Kommunistische Partei Deutschlands. Berlin 1956. 42 S. I Ea 17655

Deuerlein,E.: Das Reichskonkordat. Beiträge zur Vorgeschichte, Abschluss und Vollzug des Konkordates zwischen dem Heiligen Stuhl und dem Deutschen Reich vom 20.Juli 1933. Düsseldorf 1956. 381,24 S. II Ea 17069

Der deutsche Staat im Jahre 1945 und seither. Die Berufsbeamten und die Staatskrisen.Berichte u.Aussprachen zu d.Berichten d.Tagung d. Deutschen Staatsrechtslehrer. Tübingen, 14.u.15.Okt.1954. Berlin 1955. 202 S. II Ea 17188

Die Neuordnung Deutschlands. Sozialdemokratische Vorschläge und Forderungen zu innenpolitischen Gegenwartsaufgaben. Vorgetragen auf d.SPD-Kongress in Köln am 14.u.15.Jan.1956. Bonn 1956. 146 S. II Ea 17001

Duason,J.: Die koloniale Stellung Grönlands. Berlin,Frankfurt Göttingen 1955. 60 S. II Ea 17260

Dzjuba, M.E.: (Die Leninschen Prinzipien der Arbeit des Staatsapparates und die Aufgaben seiner Vervollkommnung, russ.:) Leninskie principy raboty gosudarstvennogo apparata i zadači ego soveršenstvovanija. Moskau 1955. 39 S. III Ea 15369

Erler, F.: The Struggle for German reunification. Bonn 1956. 20 S. Aus: Foreign Affairs. 1956, April. II Ea 17577

Ermacora, F.: Der Verfassungsgerichtshof. Rechtsgrundlagen u.kommentarmässige Erläuterungen unter bes.Berücks.d.Rechtssprechung d.Gerichtshöfe öffentlichen Rechtes. Graz,Wien,Köln 1956. 414 S. II Ea 17016

Esposito,C.: (Die italienische Verfassung. Untersuchungen, ital.:) La costituzione italiana. Saggi. Padua 1954. 296 S. V Ea 15646

Gledhill,A.: Fundamental Rights in India. London 1955. 134 S. V Ea 17007

Glum, F.: Die britische Demokratie. Verfassung und politische Struktur Grossbritanniens. Frankfurt/M.,Berlin 1956 124 S. II Ea 14782

Glum, F.: Die französische Demokratie. Verfassung und politische Struktur Frankreichs. Frankfurt/M.,Berlin 1956. 131 S. II Ea 14809

Groppe,H.: Das Reichskonkordat vom 20.Juli 1933. Eine Studie zur staats- und völkerrechtlichen Bedeutung dieses Vertrages für die Bundesrepublik Deutschland. Köln 1956. 139 S. II Ea 17065

Haupt,L.: Über einige Veränderungen in der Struktur und Arbeitsweise der staatlichen Organe in der Deutschen Demokratischen Republik. Berlin 1956. 58 S. I Ea 17239

Indien 1956. Hrsg.von der Presseabt.d.Indischen Botschaft Bonn. (Veröffentlichung zum 6.Republikstag 1956.) Bonn 1956. 164 S. II Ea 17053

Jones,J.M.: British nationality Law. Rev.ed. Oxford 1956. 306 S. V Ea 14873

Kalt, E.: Das Prinzip der Öffentlichkeit staatlichen Handelns als Voraussetzung der demokratischen Willensbildung. Zug 1953. 114 S. Zürich,Jur.Fak.,Diss.vom 12.Juli 1952 V Ea 17029

Kind,K.: Die rechtliche Stellung des Volkes in der Demokratie. Bielefeld 1955. 72 S. Frankfurt/M.,Jur.Fak.,Diss.vom 27.Juli 1955. II Ea 15762

Klaey,H.: Zensuswahlrecht und Gleichheitsprinzip. Eine Untersuchung auf Grund d.französischen Verfassung d.Jahres 1791. Aarau 1956. 133 S. V Ea 17057

Konvitz,M.R.: The Constitution and civil rights. New York 1946. 254 S. V Ea 17078

Lasin,A.G.: (Die kulturell-erzieherische Tätigkeit des Sowjetstaates, russ.:) Kul'turno-vospitatel'naja dejatel'nost' sovetskogo gosudarstva. Moskau 1955. 190 S. III Ea 15479

Marek, K.: Identity and continuity of states in public international law. Genf 1954. 613 S. V Ea 17010

Mason,A.T.; W.M.Beaney: American constitutional Law. Introductory essays and selected cases. Princeton 1954. 669 S. V Ea 17268

Morrison,H.: Regierung und Parlament in England. (Aus d.Engl.übers.) München 1956. 474 S. II Ea 17531

Obermann, E.: Alter und Konstanz von Fraktionen. Veränderungen in deutschen Parlamentsfraktionen seit dem Jahre 1920. Meisenheim/G. 1956. 119 S. II Ea 14553

(Die Sitzungen des Obersten Sowjets der UdSSR der 4.Einberufung, 5.Session, russ.:) Zasedanija verchovnogo soveta SSSR. Četvertogo sojuza. Pjataja sessija. Moskau 1956. 395 S. III Ea 15450

Pallotta, G.: (Die politische Kontrolle des Parlaments über die Regierung, ital.:) Il controllo politico del parlamento sul governo. Rom 1954. 103 S. V Ea 14811

Poljanskaja, G.N.: (Der Rechtsschutz des staatlichen Forsteigentums russ.:) Ochrana prava gosudarstvennoj sobstbennosti na lesa. Moskau 1956. 250 S. III Ea 14397

(Materialien über die 2. Sitzung des politischen Konsultativsowjets Volkschinas, russ.:) Materialy vtoroj sessii vsekitajskogo komiteta narodnogo političeskogo konsyl'tativnogo soveta. Moskau 1956. 114 S. III Ea 14848

Reimann,E.: Die Vereinigten Staaten von Nordamerika im Übergange vom Staatenbund zum Bundesstaat. Stuttgart 1955. 318 S. II Ea 14634

Savenkov,H.T.: (Die organisatorische Tätigkeit der Deputierten der Ortssowjets, russ.:) Osnovnye formy dejatel'nosti deputata mestnogo soveta. Moskau 1956. 87 S. III Ea 14833

Saye,A.B.;M.B.Pound;J.F.Allums: Principles of American Government. 2 nd ed. Georgia 1954. 442 S. V Ea 17266

Snuderl,M.: (Verfassungsrecht der Förderationen Volksrepublik Jugoslawien, Buch 1, Gesellschafts- und Staatsaufbau, slowen.:) Ustavno pravo ferderativne ljudske republike Jugoslavije. Prva knjiga: Družbena in političnaureditev. Ljubljana 1956. 399 S. IV Ea 15598

Suontausta, T.: La Souverainete des etats. Helsinki 1955. 126 S. V Ea 17601

Varsavskij, A.: (Jugoslawien heute, russ.:) Zaletkio Jugoslavii. Moskau 1956. 76 S. III Ea 14961

Vasil'ev,V.;A.Uzjanov: (Das Burma der Gegenwart, russ.:) Sovremennaja Birma. Moskau 1956. 97 S. III Ea 14849

Voevodin,L.D.: (Die Staatsform der Chinesischen Volksrepublik, russ.:) Gosudarstvennyj stroj kitajskoj narodnoj respubliki. Moskau 1956 270 S. III Ea 17037

8.Verwaltungsrecht

Die Zukunft des Eigenbetriebsrechtes. Beiträge z.Diskussion aus Baden-Württemberg von H.Kaun u.a. Köln 1956 38 S. II Ea 17081

Forsthoff,E.: Lehrbuch des Verwaltungsrechts. Bd 1. Allgem.Teil. 6.,neubearb.Aufl. München,Berlin 1956 499 S. II Ea 17501

Giese,F.: Die Bundeswasserstrassen als Gegenstand der Bundeskompetenz. Rechtsgutachten, dem Bundesminister für Verkehr erstattet. Bielefeld 1955 22 S. II Ea 17056

Guicciardi,E.: (Das Verwaltungsrecht, ital.:) La giustizia amministrativa. 3.ed. Padua 1954 511 S. V Ea 15610

Jesch,D.: Die Bindung des Zivilrichters an Verwaltungsakte. Erlangen 1956 160 S. II Ea 17638

Lünenbürger,F.: Die Vertretung der Gemeinden im Rechtsverkehr. Frankfurt/M. 1951. 199 S. II Ea 17019

Schulrecht und Schulverwaltung in der Deutschen Demokratischen Republik.-Allgemeinbildende Schulen. Berlin 1956 512 S. I Ea 17524

Sladkov, K.S.: (Dorfgemeindeversammlungen,russ.:) Sel'skie schody. Moskau 1955 61 S. III Ea 15511

Merkbuch für die Abgeordneten und die Mitarbeiter der Organe der Staatsverwaltung 1957. Berlin 1957 141 S. I Ea 17624

Thamm, J.: Die Leitung der volkseigenen Industrie in der Deutschen Demokratischen Republik. Berlin 1957 48 S. I Ea 17518

Vavpetič,L.: (Die Rechtsnatur von Verwaltungsentscheidungen, slowen.:) Pravna narava odločb v upravi. Ljubljana 1952 50 S. IV Ea 15591

Weder,M.: Die öffentlichen Anstalten des Kantons St.Gallen. Freiburg/Schw.1954. 78 S.- Freiburg/Schw.,Jur.Fak.,Diss.vom 19.Dez. 1953 V Ea 15307

Zorn, R.: Verwaltungsvereinfachung und Beamtenschaft. Hrsg.vom Bundesvorstand des Dt.Beamtenbundes. Köln 1956. 23 S. II Ea 17132

9.Finanz-,Steuer-und Preisrecht

Cattani,L.: Geltungsbereich der Steuervereinbarungen nach schweizerischem Recht. Zürich 1955. 73 S. Freiburg/Schw.,Jur.Fak.,Diss vom 6.Mai 1955 V Ea 15306

Heubeck,G.: Steuerliche Abzugsfähigkeit von Zuwendungen an betriebliche Pensions-u.Unterstützungskassen, Erw Neudr nach dem Stand vom April 1955. Düsseldorf 1955 12 S. II Eb 345

Höhn,E.: Die Besteuerung der privaten Gewinne < Kapitalgewinnbesteuerung >. Winterthur 1955. 295 S. Zürich,Jur.Fak.,Diss.vom 18.Dez. 1954 V Ea 15737

Lemnitz, A.: Bankpolitik, Staatshaushalt und Währung in Westdeutschland. Berlin 1956. 324 S. I Ea 17049

Liman,H.;O.Schwarz: Der Vollziehungsbeamte der Finanzverwaltung. Kommentar.Berlin, Köln 1956 221 S. II Ea 14814

Lexikon der Lohnsteuer und Sozialversicherung (Beitragsrecht) unter Berücks. d.wichtigsten arbeits- u.tarifrechtl.Bestimmungen von H.Balling,G.Bahr u.G.Voland. Berlin 1956. 405 S. I Ea 14910

Matveev,V.I.: (Die Haushaltrechte der Bezirks- und Stadtsowjets, russ.:) Bjudžetnye prava rajonnych sovetov deputatov trudjaščichsja. Moskau 1956. 73 S. III Ea 17304

Poetzsch,K.: Der Rechtsschutz der Bürger im Besteuerungsverfahren. Berlin 1956. 111 S. I Ea 14987

Schneider,J.: Akkreditive im gebundenen und freien Zahlungsverkehr mit dem Ausland. Mannheim 1955. 150 S. II Ea 14666

Die Schulden von Bund, Ländern und Gemeinden am 31.März 1955. Hrsg.: Statistisches Bundesamt Wiesbaden. Stuttgart 1956. 64 S. II Eb 375

Sofrenovič,M.;M.Matejič: (Devisengeschäfte, slowen.:) Devizno poslovanje. Belgrad 1955. 403 S. IV Ea 15533

Weitnauer,H.: Das Londoner Schuldenabkommen und seine Ausführungen. Düsseldorf 1955. 6 Bl. II Eb 346

10.Strafrecht,Strafprozeß

Bartsch,G.: Prostitution, Kuppelei und Zuhälterei. Hamburg 1956. 93 S. II Ea 14660

Bashanow,M.I.: Die Aenderung der Beschuldigung im sowjetischen Strafprozeß.(Aus d.Russ.übers.) Berlin 1956. 55 S. I Ea 14891

Beisel,A.R.: Control over illegal enforcement of the criminal law: Role of the supreme court. Boston 1955. 112 S. V Ea 17647

Caldwell,R.G.: Criminology. New York 1956. 749 S. V Ea 17535

Frenzel,L.;H.Weber: Der strafrechtliche Schutz der Persönlichkeit vor Verbrechen in der Deutschen Demokratischen Republik. Berlin 1956. 154 S. I Ea 17100

Hartung, F.: Ist die Bestimmungsmensur strafbar? Rechtsgutachten. Berlin, Köln 1955. 31 S. II Ea 17580

Horrow,M.: Grundriß des österreichischen Strafrechts mit bes.Berücks.d.histor.Entwicklung. Bd 1.Allg.Teil. 1.Hälfte. Graz 1947. 227 S. V Ea 17556

Imig,U.: Die Anwendung pharmazeutischer Prüfungspräparate durch den Arzt in strafrechtlicher Hinsicht. Mainz 1955. 129 S. Mainz,Jur.Fak.,Diss.vom 13.Febr.1956 II Eb 753

Kern,E.: Strafverfahrensrecht. Ein Studienbuch. 4.neubearb.Aufl. München, Berlin 1956 290 S. II Ea 17106

Klarenaar,F.: Ueber die Gleichstellung von Handlung und Unterlassung im deutschen Strafrecht des 19.Jahrhunderts. Eine rechtsgeschichtl. Untersuchg. Frankfurt/M.1955 63 S. Frankfurt/M., Jur.Fak.,Diss.vom 28.April 1948 II Ea 15761

Veröffentlichungen des Niedersächsischen Amtes für Landesplanung und Statistik. Die Kriminalität in Niedersachsen im Jahre 1953 Hannover 1956. 45 S. II Eb 343

Lehmann, K.: Verhütung von Veruntreuungen und Bestechungen. Prüfungs- und Organisationsmassnahmen bei Behörden u.Privatbetrieben. Hamburg, Berlin, Bonn 1956 110 S. II Ea 14783

Ludwig, C.: Der Sühnegedanke im schweizerischen Strafrecht. Rektoratsrede, geh.am 21.Nov.1952 Basel 1952 28 S. V Ea 17604

Mannheim,H.: Group Problems in crime and punishment and other studies in criminology and criminal law. London 1955 309, 14 S. V Ea 17474

Min'kovskij,G.M.: (Der Beweis im sowjetischen Strafprozeß,russ.:) Predely dokazyvanija v sovetskom ugolovnom processe. Moskau 1956 114 S. III Ea 14843

Mostar,H.: Unschuldig verurteilt. Aus der Chronik der Justizmorde Stuttgart 1956 253 S. II Ea 14659

Motovilovker,J.O.: (Aussagen und Erklärungen des Angeklagten als Schutzmittel im sowjetischen Strafprozeß, russ.:) Pokazanija i objasnenija obinjaemogo kak sredstvo zaščity v sovetskom ugolovnom processe. Moskau 1956 177 S. III Ea k4599

Ranieri,S.: (Handbuch des Strafrechts,ital.:) Manuale di diritto penale. Vol.1.2. Padua 1952. Bd 1: 613 S. Bd 2: 619 S.V Ea 15612

Ranieri,S.: (Handbuch des Strafprozeßrechts, ital.:).Manuale di diritto processuale penale. Padua 1956 446 S. V Ea 14856

Schüsseler,R.: Das Wesen der Übertretungen im Strafrecht der Deutschen Demokratischen Republik und das Verfahren bei der Bestrafung von Übertretungen. Berlin 1956 143 S. I Ea 17231

Schumann, H.: Die Fälschung nach dem neuen Wechsel -und Scheckrecht. Berlin, Köln 1956. 116 S. II Ea 14882

Sottile,A.: Le Problème de la creation d'une Cour Pénale Internationale Permanente. Genf 1951 104 S. V Eb 399

Strogovič, M.S.: (Die materielle Wahrheit und die gerichtlichen Beweise im sowjetischen Strafprozeß, russ.:) Material'naja istina i sudebnye dokazatel'stva v sovetskom ugolovnom processe. Moskau 1955. 382 S. III Ea 15685

Vinberg,A.I.;G.M.Min'kovskij;R.D.Rachunov:(Die indirekten Beweise im sowjetischen Strafprozeß,russ.:) Kosvennye dokazatel'stva v sovetskom ugolovnom processe. Moskau 1956. 217 S. III Ea 15676

Voska,W.: Der Schutz schweizerischer Hoheitszeichen im Strafrecht. Winterthur 1955. Zürich,Jur.Fak.,Diss.vom 19.Febr.1955 V Ea 15729

Weber,H.v: Die richterliche Strafzumessung. Vortr.,geh.vor d.Jurist. Studienges.in Karlsruhe am 13.April 1956. Karlsruhe 1956. 29 S. II Ea 17084

11.Kriminalistik,Gerichtliche Medizin,Gerichtspsychiatrie,-psychologie

Bericht über den Guttempler-Tag und die Konferenz zur Erforschung der Alkoholgefahren in Uelzen v 5.bis 8.Aug.1955. Hamburg 1956. 40 S. II Ea 14687

Gerchow,I.: Die ärztlich-forensische Beurteilung von Kindesmörderinnen. Ein Beitr.z.Probl.der abartigen Erlebnisreaktionen. Halle/S. 1957. 129 S. I Ea 17097

Wyrsch,J.: Gerichtliche Psychiatrie. Ein Lehrbuch für Juristen und Mediziner. 2.erg.Aufl. Bern 1955. 348 S. V Ea 17011

12.Gerichtsverfassung(einschließlich Staatsanwaltschaft Justizverwaltung,Notariat,Anwaltschaft)

Anwalts-und Notarverzeichnis der Bundesrepublik 1955/56. 4.erw. Aufl. München 1955. 441 S. II Ea 17013

Brocke,E.: Der Sozialrichter. Grundriß des Verfahrensrechts der Sozialgerichtsbarkeit. Berlin 1956 195 S. II Ea 17082

Görner,K.: Gericht und Rechtsprechung in der Deutschen Demokratischen Republik. Aufgaben der Rechtsprechung, Grundzüge der Gerichtsverfassung und System der Gerichte. Hrsg.vom Ministerium d.Justiz d.DDR. Berlin 1956. 62 S. I Ea 17175

Handbuch der Justiz. Jg.3. Hrsg.v.Dt.Richterbund Bearb.J.H. Reinartz. Hamburg, Berlin, Bonn 1956 260 S. II Ea 4091

Kalsbach,W.: Ueber Fragen des rechtsanwaltlichen Standesrechts. 2 Vorträge gehalten vor d.Juristischen Studiengesellschaft in Karlsruhe am 13.Jan.u.16.März 1956. Karlsruhe 1956 51 S.II Ea 17134

Pakiź,S.: (Partisanengerichtsbarkeit,slowen.:) Partizansko sodno pravo. Ljubljana 1952 29 S. IV Ea 15599

Sachverständigen-Liste zur Schiedsgerichtsordnung des Deutschen Beton-Vereins E.V. Wiesbaden 1956. 23 S. II Ea 14700

Srzentic,N.. Aufbau des Gerichtswesens in Jugoslawien. Belgrad 1955 40 S. IV Ea 17112

13.Zivilrecht

Bartholomeyczik,H.: Erbrecht. Ein Studienbuch. 2.,durchges.u.erg. Aufl. München, Berlin 1956. 367 S. II Ea 17222

Callegari,D.: (Institutionen des Privatrechts, ital.:) Istituzioni di diritto privato. Turin 1954. 750 S. V Eb 771

(Lieferung und Inanspruchnahme von Elektroenergie, sowie der Bau von elektrischen Einrichtungen beim Verbraucher, poln.:) Dostawa i uzytkowanie energii elektrycznej oraz budowa urzadzeń elektrycznych u odbiorcow. Warschau 1956 306 S. IV Ea 15273

Ewald: Das geltende Abzahlungsgesetz und seine Reform. Eine richterliche Untersuchung. Köln, Berlin 1956. 170 S. II Ea 17107

Feldmann,K.: Haftung und Anfechtung bei mißbräuchlich ausgefüllten Blankourkunden des bürgerlichen Rechts. Frankfurt a.M. 1955. 60 S. Frankfurt a.M.,Jur.Fak.,Diss.vom 23.Nov.1955 II Ea 15757

Ferid,M.: Die allgemeinen Lieferbedingungen für den Export von Anlagegütern gemäss Empfehlung der ECE vom März 1953. Ihre Bedeutung f.Recht u.Praxis d.internat. Kaufgeschäfts. Köln 1954. 72 S. II Ea 14693

Finžgar,A.: (Zivilrecht - Sachenrecht, slowen.:) Cyvilno pravo, stvarno pravo. Ljubljana 1952. 143 S. IV Ea 15593

Finžgar,A.: (Erbrecht, slowen.:) Dedno pravo. Ljubljana 1953. 114 S. IV Ea 15596

Glaser,H.: Eigentumsrecht und Besitzesschutz im Hinblick auf Energien. Zürich 1954. 90 S. Zürich,Jur.Fak.,Diss.vom 10.Juli 1954. V Ea 15739

Grassetti,C;R.Nicolò;M.Petroncelli: (Untersuchungen und Vorschläge zum Entwurf des 2.Buches des Bürgerlichen Gesetzbuches, ital.:) Osservazioni e proposte sul progetto del secondo libro del codice civile. Mailand 1938. 134 S. Ea 15585

Jansen,F.;G.Längrich: Das Erbrecht der Deutschen Demokratischen Republik. Berlin 1956. 199 S. I Ea 15704

Joffe,O.S.: (Schadensersatzverpflichtungen, poln.:) Zobowiazania z tytułu wyrzadzenia szkody. (Aus d.Russ.übers.) Warschau 1956. 115 S. IV Ea 15536

Koch,W.: Die Entwicklung der deutschen Teilzahlungswirtschaft seit 1945 und ihre Problematik. Berlin 1956. 138 S. II Ea 14853

Krauss,E.: Der Teilzahlungskauf. Berlin 1957. 107 S. I Ea 17632

Larenz,K.: Lehrbuch des Schuldrechts. Bd 2. Bes.Teil. München, Berlin 1956. 412 S. II Ea 1210

Rabel,E.: Grundzüge des römischen Privatrechts. 2.Aufl. Basel 1955. 241 S. V Ea 17111

Remaschi,G.: (Zivilrecht, ital.:) Diritti civile. Florenz 1954. 175 S. V Ea 15640

Roeleveld,L.: (Die Versicherungsgesellschaft auf Gegenseitigkeit beim privaten Lebensversicherer, holländ.:) De onderlinge waarborgmaatschappij in het bijzonder als levensverzekeraar. 'S-Gravenhage 1955. 193 S. Leiden,Jur.Fak.,Diss.vom 29.Juni 1955
V Ea 15204

Das Sachenrecht der Deutschen Demokratischen Republik. T.2: Die sonstigen Sachenrechte. Bearb.von G.Bley. Berlin 1956. 31 S.
I Ea 15822

Santi di Paolo: (Untersuchungen über den Erbschaftsanspruch, ital.:) Saggi, in materia di hereditatis petitio. Mailand 1954. 123 S.
V Ea 15587

Schiersner,H.: Bindung und Widerruflichkeit beim gemeinschaftlichen Testament. Mainz 1955. 120 S. Mainz,Jur.Fak.,Diss.vom 27.März 1956
II Eb 755

Deutsches Institut für Rechtswissenschaft. Das Zivilrecht der Deutschen Demokratischen Republik. Schuldrecht. Bes.Teil. Von e. Autorenkollektiv. Gesamtred. H.Such. Berlin 1956. 582 S.
I Ea 17168

Das Schuldrecht der Deutschen Demokratischen Republik. T.2: Besondere Schuldverhältnisse. Bearb.von W.Stolz. T.3: Wirtschaftsverträge. Bearb.von W.Recht. Berlin 1956. T.2: 258 S. T.3: 261 S.
I Ea 15562

Trabucchi,A.: (Institutionen des Zivilrechts,9.überarb.Aufl.ital.:) Istituzioni di diritto civile. 9.ed.rived. Padua 1956. 903 S.
V Ea 15613

Utz, A.F.: Freiheit und Bindung des Eigentums. Heidelberg 1949. 172 S.
II Ea 17292

Wagner,H.: Vertragswirkungen gegenüber dem Einzelrechtsnachfolger im französischen Recht. Ein Beitr.zur Lehre von der Relativität der Verträge. Mainz 1956. 96 S. Mainz,Jur.Fak.,Diss.vom 10.April 1956.
II Eb 756

Wolf,E.;H.Naujoks: Anfang und Ende der Rechtsfähigkeit des Menschen. Frankfurt/M. 1955. 240 S.
II Ea 14919

14.Urheber-und Erfinderrecht

Handbuch für das Erfindungs-und Vorschlagswesen. Einzeldarstellgn über d.Erfindungs-und Vorschlagswesen,d.Warenzeichen-,Gebrauchsmuster-u.Geschmacksmusterrecht, sowie e.Anleitg zur Dokumentation. Hrsg.: Amt f.Erfindungs-u.Patentwesen d.DDR. Berlin 1956. Loseblattausgabe.
I Ea 14803

Landerer,H.P,: Fragen des Schutzes des guten Glaubens im schweizerischen Patentrecht, insbesondere der gutgläubige Erwerb. Winterthur 1955. 131 S. Zürich,Jur.Fak.,Diss.vom 18.Dez.1954.V Ea 15766

Lehmann,H,: Über das Wesen des Urheberrechts. Ermecke,G.: Die Verantwortung von Staat u.Gesellschaft für das geistige Schöpfertum. Berlin 1956. 51 S.
II Ea 17481

Müller,H.J.: Der rechtliche Schutz musikalischer Werke und ihrer Wiedergabe gegen die Fernsehdarbietung Frankfurt/M.1955. 151 S. Frankfurt/M.,Jur.Fak.,Diss.von 1955 II Ea 15751

Omel'cenko, A.I.: (Das Risiko im Erfindungswesen und sein staatsrechtlicher Schutz, russ.:) Tvorčeskij risk, ego gosudarstvenno-pravovaja ochrana. Moskau 1955 49 S. III Ea 15515

Rambour,H.: Die Lizenzausgabe. München, 1954 91 S. II Ea 17054

Reimer,E.;H.Schippel: Die Vergütung von Arbeitnehmererfindungen. Gutachten über die Neufassung d.Richtlinien f.d.Vergütung v.Arbeitnehmererfindungen erstattet im Auftr.d.Bundesmin.f.Arbeit. Stuttgart 1956 241 S. II Ea 17536

Roeber, G. Urheberrecht oder geistiges Eigentum Baden-Baden 1956 55 S. II Ea 17349

Scheer,H,: Deutsches Patent-,Gebrauchsmuster-,Geschmacksmuster-, Warenzeichen-u.Wettbewerbsrecht. Deutsche Rechtsprechung der Gerichte u.Senat in den Jahren 1948-1955 7 Aufl. Köln 1956. 503 S. II Ea 17505

Scheer, H.: Internationales Patent-,Muster-und Warenzeichenrecht Deutschland u.d.Ausland. 13.Aufl. Köln 1956. 421 S. II Ea 17506

15.Vertragssystem und vertragsgerichtliches Verfahren

Bratus,S.N.;L.A.Lunz: Fragen des Wirtschaftsvertrages.(Aus d.Russ. übers.) Berlin 1956. 180 S. I Ea 17155

Dvonc,F.;J.Slezák: (Die tschechoslowakische Arbitrage, tschech.:) Československá arbitráž. Bratislava 1956. 770 S. IV Ea 15506

Geisenheyner, K.: Das Vertragswesen der privaten Industrie. Für die Praxis erl. Berlin 1956. 238 S. I Ea 14973

Goldstan,A.: (Sammlung von Entscheidungen der Wirtschaftsgerichte. Bd 1, slowen.:) Zbirka odluka privrednih sudova. Sveska prva. Belgrad 1956. 123 S. IV Ea 15490

(Sammlung von Instruktionen des staatlichen Schiedsgerichts beim Ministerrat der UdSSR, russ.:) Sbornik instruktivnych ukazanij gosudarstvennogo arbitraža pri Sovete Ministrov SSSR. Pod.red. M.P.Saljupa. Moskau 1955. 422 S. III Ea 14597

16.Handelsrecht,Wertpapierrecht,Kartell-und Wettbewerbsrecht

Die Aktiengesellschaft im brasilianischen Recht. Uebers.u.eingel. von C.W.Amberger. Frankfurt/M.,Berlin 1956. 160 S. II Ea 17350

Büchner, R.: Die treuhandrechtliche Organisation des Effektengiroverkehrs. Frankfurt/M.,1956. 261 S. II Ea 14673

Caemmerer, E.von: Internationale Rechtssprechung zum Genfer einheitlichen Wechsel - und Scheckrecht. Berlin 1954 528 S.
II Ea 17114

Deutscher Genossenschaftstag 1955 Wiesbaden. Bericht über d.Tagung d.gewerblichen Genossenschaften vom 16.-18.Sept.1955 in Wiesbaden. Hrsg.: Dt.Genossenschaftsverband < Schulze-Delitzsch > e,V. Bonn a.Rh. Wiesbaden 1955 256 S. II Ea 14649

Haage,H.: Die Vertragsklauseln cif, fob, ab Kai unter Berücksichtigung der Trade Terms. Heidelberg 1956 64 S. II Ea 14688

Haussmann,K.: Entstehungsgeschichte, Zweck und Beschlußfähigkeit des Aufsichtsrats nach dem Aktiengesetz und dem Betriebsverfassungsgesetz. Düsseldorf 1956 62 S. II Ea 17214

Huber,E.R.: Die Verfassungsproblematik eines Kartellverbotes. Freiburg/Br. 1955 36 S. II Eb 383

Paulick,H.: Das Recht der eingetragenen Genossenschaft. Ein Lehr- u.Handbuch. Karlsruhe 1956 391 S. II Ea 17086

Pöhn,C.: Der Gedanke des Verkehrsinteresses im Warenzeichenrecht. Miltenberg a.M. 1955 52 S. Frankfurt/M., Jur.Fak.,Diss.v.1.Febr. 1956 II Ea 15741

Rastovcan,P.: (Wertpapiere,Wechsel, Scheck. 2.Aufl.,slowen.:) Vrijednosni papiri, mjenica,ček. 2.izd.Zagreb 1955. 112 S.
IV Ea 15531

Tisch,C.: Der wirtschaftliche Sinn der bisherigen Rechtssprechung des deutschen Kartellgerichts. Frankfurt/M.,1934 92 S.
Ea 14915

Töteberg,H.: Die Erbfolge in Geschäftsanteil und Mitgliedschaft bei der Gesellschaft mit beschränkter Haftung. Göttingen 1955 142 S. Göttingen,Jur.Fak.,Diss.vom 12.Febr.1955 II Ea 15767

Walder, E.: Unternehmer - und Publikumsaktionäre. Winterthur 1955 95 S. Zürich,Jur.Fak.,Diss.vom 19.Febr.1955 V Ea 15730

Westermann, H.: Einkaufszusammenschlüsse und Kartellgesetzentwurf Karlsruhe 1956. 34 S. II Ea 17085

Entwurf eines Gesetzes gegen Wettbewerbsbeschränkungen. Bonn 1954 87 S. II Eb 756

Zoelly,D.: Bankgeschäfte durch den Speditionsunternehmer. Winterthur 1954 128 S. Zürich,Jur.Fak.,Diss.vom 10.Juli 1954
V Ea 15738

17.LPG-Recht,Bodenrecht,Landwirtschaftsrecht

Bohte, H.G.: Ländliches Siedlungs-,Flurbereinigungs- und Agrarrecht in Rheinland-Pfalz. Bielefeld 1955 75 S. II Ea 14428

Hauk,R.: Das bäuerliche Privateigentum am Boden und die sozialistische Umgestaltung der Landwirtschaft in der Deutschen Demokratischen Republik. Berlin 1956 131 S. I Ea 17093

(Kolchosrecht, russ.:) Kolchoznoe pravo. Pod red. N.D.Kazancev.
Moskau 1955. 383 S. III Ea 15828

Kulagin, N.A.: (Die wirtschaftliche Lage der Bauernschaft in den kapitalistischen Ländern, russ.:) Ekonomičeskoe položenie krest'-janstva v kapitalističeskich stranach. Moskau 1956. 39 S.
III Ea 15521

Lemnitz, A.: Kapitalistische oder sozialistische Agrarökonomie. Ein wissenschaftl.Meinungsstreit über die Lehren J.H.von Thünens. Berlin 1956. 64 S. I Ea 14387

Taschenbuch für den Vorsitzenden der LPG. 1957. Hrsg.Inst.f.Agrar-ökonomik der Deutschen Akademie für Landwirtschaftswissenschaften zu Berlin. Berlin 1956. 272 S. I Ea 17092

Mortensen,H.;G.Mortensen: Über die Entstehung des ostdeutschen Grossgrundbesitzes. Göttingen 1955. S.22-33. Aus: Nachrichten der Akademie der Wissenschaften in Göttingen. 1.Philologisch-Histori-sche Klasse. 1955. II Ea 14698

Müller, G.: Zur Lage der Kleinbauern in Westdeutschland. Berlin 1956. 158 S. I Ea 14970

Olsen,K.H.: Grundlagen der westdeutschen Agrarstruktur. Eine Übers. in Zahlen u.Bildern zsgest. Hannover 1955. 110 S. II Ea 17194

Pavlov,I.V.: (Die demokratischen Grundlagen der Verwaltung der Kol-chosangelegenheiten, russ.:) Demokratičeskie osnovy upravlenija de-lami kolchoza. Moskau 1955. 37 S. III Ea 15401

Rosenau,G.: Die vertraglichen Beziehungen der Maschinen-Traktoren-Stationen zu den Landwirtschaftlichen Produktionsgenossenschaften. Halle/Saale 1956. 146,23,11 S.-Halle-Wittenberg,Jur.Fak.,Diss.vom Nov.1956 I Eb 777

Sdobnov, S.I.: (Entstehung und Entwicklung des sozialistischen ge-nossenschaftlichen Kolchoseigentums in der UdSSR, russ.:) Vozniknove-nie i razvitie kolchoznoj sobstvennosti v SSSR. Moskau 1956.
190 S. III Ea 14584

Vasilev,D.: (Das Rentabilitätssystem und die Selbstkosten im Sowchos, russ.:) Chozrasčet i sebestoimoct'v sovchozach. Moskau 1956. 45 S.
III Ea 14958

18.Familienrecht

Beitzke, G.: Familienrecht. Ein Studienbuch. 5.,erg.Aufl. München, Berlin 1956. 200 S. II Ea 17105

Jansen, F.: Das Familienrecht der Deutschen Demokratischem Republik. Berlin 1956. 193 S. I Ea 15709

Scheidegger, O.: Ehe und Ehescheidung. Basel 1952. 83 S.
V Ea 17605

19.Zivilprozeß und Freiwillige Gerichtsbarkeit

Blomeyer, K.: Zwangsvollstreckung. 2.,verm.u.verb.Aufl. Berlin 1956. 170 S. II Ea 17128

Blume, W.W.: American civil Procedure. Englewood 1955. 432 S. V Ea 14788

Coniglio,A.: (Untersuchungen zum vorläufigen Entwurf der Zivilprozessordnung, ital.:) Osservazioni al progetto preliminare del codice di procedura civile. Mailand 1938. 93 S. Ea 15584

Engler,E.: Die Geschichte der luzernischen Vermögensvollstreckung bis ins 18. Jh. im Rahmen der deutschschweizerischen Entwicklung. Affoltern am Albis 1955. 317 S. Zürich,Jur.Fak.,Diss.vom 9.Juli 1949 V Ea 15733

Habscheid, W.J.: Der Streitgegenstand im Zivilprozess und im Streitverfahren der freiwilligen Gerichtsbarkeit. Bielefeld 1956. 328 S. II Ea 17262

Kurylev, S.V.: (Die Angaben der Parteien als Beweismittel im sowjetischen Zivilprozeß, russ.:) Ob-jasnenija storon kak dokazatel'stvo v sovetskom graždanskom processe. Moskau 1956. 186 S. III Ea 14840

Peter,R.: Zweiseitige Verträge im Konkurs. Weinfelden 1955. 74 S. Zürich,Jur.Fak.,Diss.vom 19.Febr.1955 V Ea 15768

Rosenberg,L.: Lehrbuch des deutschen Zivilprozessrechts. 7.,neubearb.Aufl. München, Berlin 1956. 1114 S. II Ea 17295

Satta,S.: (Zivilprozessrecht. 4.Aufl.,ital.:) Diritto processuale civile. 4.ed. Padua 1954. 640 S. V Ea 15622

Schönke,A.: Lehrbuch des Zivilprozessrechts. 8.Aufl.Neu bearb.v. H.Schröder, W.Niese. Karlsruhe 1956. 552 S. II Ea 17463

Schönke, A.: Zwangsvollstreckungsrecht. Eine systemat.Darst. 6.Aufl., neu bearb.u.erw.um das Konkurs-u.Vergleichsrecht von F.Baur. Karlsruhe 1956. 323 S. II Ea 17464

Stefko,K.: (Die Teilnahme des Staatsanwalts am Zivilprozess,poln.:) Udział prokuratora w postepowaniu cywilnym. Warschau 1956. 39 S. IV Ea 15299

20.Arbeits-und Sozialrecht incl.Verfahren

Alberts, K.: Soziale Fragen aus kirchlicher Sicht. (Vortrag.) Bielefeld 1956. 62 S. II Ea 14792

Probleme des Arbeitslohnes in der volkseigenen Industrie. Kollektivarbeit unter Leitung von H.Thalmann. Berlin 1956. 186 S. I Ea 14806

Das Arbeitsrecht der Deutschen Demokratischen Republik. Lehrmaterial z.d.Themen 12 u.13. Ausgearb.von H.Hezel. Berlin 1956. 37 S. I Ea 15719

(Einführung in das Arbeitsrecht, ital.:) Introduzione al diritto de lavoro. Padua 1955. 540 S. V Ea 15603

(Der persönliche Arbeitsvertrag ,2.Aufl.,ital.:) Il contratto individuale di lavoro. 2.ed. Padua 1953. 549 S. V Ea 15604

Astrachan,E.;S.Kurinskij;A.Stavceva: (Die Rolle des sowjetischen Arbeitsrechts in der planmässigen Versorgung der Volkswirtschaft mit Kadern, russ.:) Rol'sovetskogo trudovogo prava v planovom obespečenii narodnogo chozjajstva kadrami. Moskau 1955. 190 S. III Ea 15475

Balling,H.;K.Haufschild: Die Bezahlung und Besteuerung bei Krankheit,Betriebsunfall, Quarantäne - einschl.Lohnausgleich - unbezahltem Urlaub u.dgl.mit Tabellen. Erl.u.zsgest. Berlin 1956. 179 S. I Ea 17629

Europäische Gemeinschaft für Kohle und Stahl. Hohe Behörde. Die Berufsausbildung im Steinkohlenbergbau der Länder der Gemeinschaft. Luxemburg 1956. 508 S. V Eb 376

Citron,C.;Ph.Hessel: Grundlage des Einzelarbeitsrechts. Nach d. neuesten Stand bearb. Lahr 1949. 130 S. II Ea 17554

Dachselt,M.: Rechtsstellung und Aufgaben der Beisitzer in der Arbeitsgerichtsbarkeit. Erl.zum Arbeitsgerichtsgesetz vom 3.Sept. 1953 mit Gesetzestext. Düsseldorf 1953. 63 S. II Ea 17503

Goosens,F.: Ein Handbuch der Personalführung, zugleich eine Einführung in die Betriebssoziallehre. 2.überarb.u.erg.Aufl. München 1956. 517 S. II Ea 17284

Hankel,W.;G.Zweig: Volkswirtschaftliche Grundfragen der Sozialreform. < 17 Punkte zur Sozialreform.> Köln 1956. 74 S. II Ea 17507

Hohmann,E.: Produktivitätssteigerung durch leistungsfördernde Lohngestaltung und betriebliches Vorschlagwesen. Hamburg 1955. 98 S. II Ea 14796

Kaljuznyj,V.: (Die gesellschaftliche Arbeit im Sozialismus, russ.:) Obscestvennyj trud pri sozializme. Moskau 1955. 47 S. III Ea 15377

Karasev,J.A.: (Die rechtliche Regelung der Arbeit in den genossenschaftlichen Arteln des Gewerbes,russ.:) Pravovoe regulirovanie truda v kooperativnych promyšlovych arteljach. Moskau 1955. 27 S. III Ea 15392

Kleen, E.: Der ältere Angestellte im Arbeitsrecht. Hamburg 1956. 97 S. II Ea 17265

Kunz,F.;W.Tippmann;H.Bredernitz: Das Arbeitsrecht der Deutschen Demokratischen Republik. Berlin 1956. 87 S. I Ea 15714

Kuznecova,A.S.: (Die Organisation der lohnempfangenden Arbeiter in den Industrieunternehmungen der UdSSR, russ.:) Organizacija zarabotnoj platy rabočich na promyslennych predprijatijach SSSR. Moskau 1956. 79 S. III Ea 17034

La Loggia, G.: (Grundriss des Arbeitsrechts, ital.:)Lineamenti di diritto del lavoro. Padua 1954. 163 S. V Ea 15615

Die Legende von der Lohn-Preis-Spirale. Eine Stellungnahme der Dt. Angestellten-Gewerkschaft zur Lohn-Preis-Situation.(DAG.Hrsg.vom Hauptvorstand d.Dt.Angestellten-Gewerkschaft.) Hamburg 1956. 46 S. II Eb 374

Mackenroth, G.: Die Verflechtung der Sozialleistungen. Ergebnisse einer Stichprobe. Berlin 1954. 82 S. II Ea 14795

McWhinnie, T.: Der aktuelle Kampf der britischen Gewerkschaften. (Aus dem Engl.übers.) Berlin 1957. 82 S. I Ea 17631

Messner,J.: Die soziale Frage im Blickfeld der Irrwege von gestern, der Sozialkämpfe von heute, der Weltentscheidungen von morgen. 6.neubearb.Aufl. Innsbruck, Wien, München 1956. 742 S. V Ea 14642

Molitor,E.: Grundsätze und Methoden der Lohnbemessung. Paderborn 1953. 26 S. II Ea 14690

Müller,K.V.: Sozialwissenschaft und soziale Arbeit. Berlin 1956. 26 S. II Ea 14612

Pätzold, E.: Das Recht auf Schutz der Arbeitskraft in der Deutschen Demokratischen Republik. Berlin 1956. 111 S. I Ea 17140

Paserstnik,A.E.: (Theoretische Fragen der Kodifikation der Arbeitsgesetzgebung der Union, russ.:) Teoreticeskie voprosy kodofikacii obščesojuznogo zakonodatel'stva o trude. Moskau 1955. 228 S. III Ea 15526

Penndorf,L.;J.Göhring: Der Arbeitsvertrag. Berlin 1956. 192 S. I Ea 17371

Schellenberg,E.: Unser Weg zur Sozialreform. Bonn 1956. 48 S. II Ea 14818

Thieme,H.;H.Mehnert: Leitfaden für die Entlohnung bei Ausschuss, Qualitätsminderung und Nacharbeit. Berlin 1957. 70 S. I Ea 17608

Tolkunova, V.N.: (Fragen des Arbeitsrechts in der Volksrepublik Bulgarien, russ.:) Voprosy trudovogo prava Narodnoj Respubliki Bolgarii. Moskau 1955. 45 S. III Ea 15391

Vyšin,V.J.;J.Zelenka: Die Normung und Entlohnung der Arbeit in den Staatsgütern und MTS. (Aus d.Tschech.übers.) Berlin 1956. 212 S. I Ea 17187

Williamson,S.T.; H.Harris: Gewerkschaften in USA.Mit e.Bericht d. Ausschusses f.Arbeitsfragen des 20 th Century Fund.(Aus d.Engl. übers.) Frankfurt/M.,1948. 346 S. II Ea 14921

21.Internationales Privatrecht

Bolla,S.: Grundriß des österreichischen internationalen Privatrechts. Wien 1952. 133 S. V Ea 17529

VI e Congres de l'Association Internationale des Juristes Democrates. Bruxelles 22-25 mai 1956. Travaux de la Commission de droit internationale privé. Brüssel 1955. 107 S. V Ea 15581

Hecke, G.van: Problemes juridiques des emprunts internationaux. Leiden 1955. 310 S. V Ea 15849

Lorz, R.: Ausländische Enteignungsmassnahmen vor amerikanischen Gerichten. Die Rechtswirkung ausseramerikanischer Enteignungsakte in den Vereinigten Staaten von Amerika. Düsseldorf 1954. 161 S. II Ea 17060

Schaefer, A.. Grundlagen internationaler Kreditbeziehungen. Köln 1955. 4 Bl. II Eb 97

Štempihar, J.: (Einführung in das internationale Privatrecht, slowen.:) Uvod v mednarodno zasebno pravo. Ljubljana 1953. 96 S. IV Ea 15597

22. Festschriften

Offener Horizont. Festschrift für Karl Jaspers. München 1953. 463 S. II Ea 17500

Rechtsfragen der internationalen Organisation. Festschrift für Hans Wehberg zu seinem 70.Geburtstag. Hrsg.von W.Schätzel u. H.J.Schlochauer. Frankfurt/M. 1956. 408 S. II Ea 14670

(Europa und das römische Recht. Gedächtnisschrift für Paul Koschaker, ital.:) L'Europa e il diritto romano. Studi in memoria di Paolo Koschaker. Vol.1.2. Mailand 1952. Vol.1: 582 S. Vol.2: 601 S. V Ea 14879

23. Juristische Ausbildungs-und Prüfungsfragen

Columbia University in the city of New York. Report of the Dean of the School of Law for 1946. New York 1946. 22 S. V Ea 15284

Vanderbilt, A.T.: A Report of prelegal education. New York 1950. S.200-290. Aus: New York University Law Review. Vol.25. 1950, Nr 2. V Ea 15544

D. ÜBERSETZUNGEN AUS DER ZEITSCHRIFT "SOVETSKOE GOSUDARSTVO I PRAVO"[1]

Inhaltsverzeichnis von 1956, Heft 9:

1)Die hier angezeigten Artikel werden laufend übersetzt und sind gemäß der Benutzungsordnung der Bibliothek des Deutschen Instituts für Rechtswissenschaft ausleihfähig.

Inhaltsverzeichnis von 1956, Heft 10:

Rezensionen

Die Rechtswissenschaft im Ausland

Bibliographie

Inhaltsverzeichnis von 1957, Heft 1:

Bibliographie

E. 10.(24.) VERZEICHNIS DER IN DER BIBLIOTHEK DES DEUTSCHEN INSTITUTS FÜR RECHTSWISSENSCHAFT VORHANDENEN UNVERÖFFENTLICHTEN ÜBERSETZUNGEN [1)]

1.Gesetzesmaterialien und Dokumente (auch Verfassungen und Kurzkommentare)

Anordnung des Staatlichen Verwaltungsrates über das strenge Verbot von Opium und anderen Narkotika. 24.Februar 1950. Prikoz gosudarstvennogo administrativnogo soveta o strogom zapreščenii opiuma i drugich narkotikov [dt.] 4 S.
Aus: Konstitucija i osnovnye zakonodatel'nye akty Kitajskoj Narodnoj Respubliki. 1955.
[Betr. China] ÜR 861

Vorläufige Bestimmungen für die Aufsicht über konterrevolutionäre Elemente. 27.Juni 1952. Vremennye pravnila nadzora nad konterrevoljucionnymi ėlementami [dt.] 5 S.
Aus: Konstitucija i osnovnye zakonodatel'nye akty Kitajskoj Narodnoj Respubliki. 1955.
[Betr. China] ÜR 860

Familiengesetzbuch. Codul familiei [dt.] 38 S.
Aus: Buletinel oficial. (Amtsblatt d.Großen Nationalversamml.der Rumän.Volksrepublik.) ÜRum 69

Erlaß des Präsidiums des Obersten Sowjets der UdSSR über den verstärkten Schutz der Arbeit der Jugendlichen. Ukaz prezidiuma Verchovnogo Soveta SSSR ob usilenii ochrany truda podrostkov [dt.]
Aus: Izvestija. 1956/295. 1 S. ÜR 887

Verfassungsgesetz über die Slowakischen Nationalorgane vom 31.Juli 1956. Ústavný zákon o slovenských národných orgánoch [dt.] 12 S.
Aus: Rude pravo vom 1.8.1956. ÜS 99

2.Marxismus-Leninismus

Senin,N.: Die Theorie des "Hineinwachsens" des Kapitalismus in den Sozialismus und die Wirklichkeit. Teorija "vrastanija" kapitalizma v socializm i dejstvitel'nost' [dt.] 21 S.
Aus: Kommunist. 1956/15. ÜR 886

1) Die hier angezeigte Literatur ist gemäß der Benutzungsordnung der Bibliothek des Deutschen Instituts für Rechtswissenschaft für die Mitglieder des Deutschen Instituts für Rechtswissenschaft, Ministerien und zentrale Institutionen der Deutschen Demokratischen Republik und nach der Leihverkehrsordnung der Bibliotheken ausleihfähig. Verzeichnis 1-4 erschien hektographiert, Verzeichnis 5-14 ist enthalten im Mitteilungsblatt des Deutschen Inatituts für Rechtswissenschaft 1953, Nr.1 - 1955, Nr. 3

Šiškin,A.F.(Schischkin, A.F.): Einige Fragen zur Theorie der kommunistischen Moral. Nekotorye voprosy teorii kommunističeskoj morali [dt.] 26 S.
Aus: Voprosy filosofii. 1956/4. ÜR 876

3.Rechtswissenschaft (Aufgaben und Methoden)

Keine Eingänge

4.Staats- und Rechtstheorie

Biskupsi,K.: Einige Probleme des sozialistischen Parlamentarismus. Niektóre problemy socjalistycznego parlamentaryzmu [dt.] 25 S.
Aus: Państwo i prawo. 1956/10.
[Betr. Polen] ÜP 442

Fojtik,J.: Zur Frage des Klassenkampfes in unserer Gesellschaft. K otázce tridního boje v naši společnosti [dt.] 43 S.
Aus: Nová mysl. 1956/10.
[Betr. ČSR] ÜT 367

Glezerman,G. (Gleserman,G.): Die moralisch-politische Einheit der sozialistischen Gesellschaft und das Verschwinden der Klassenunterschiede. Moral'no-političeskoe edinstvo socialističeskogo obščestva i stiranie granej meždu klassami [dt.] 39 S.
Aus: Kommunist. 1956/15. ÜR 866

Jodlowski,J.: Damit der Kampf für die Gesetzlichkeit siegreich zu Ende geführt werden kann. Aby walka o praworzadność mogla być zwyciezko wygrana [dt.] 12 S.
Aus: Nowe prawo. 1956/6.
[Betr. Polen] ÜP 444

Lukács,L.: Die sozialistische Gesetzlichkeit bei der Anwendung des Rechts. Szocialista törvényesség a jogalkalmazásban [dt.] 28 S.
Aus: Jogtudományi közlöny. 1956/5. ÜUn 199

Meeren,A.von: Der Entscheidungsprozeß: Eine vergleichende Analyse. The Judicial Process: A comparative Analysis [dt.] 35,33 S.
Aus: The American Journal of Comparative Law. Vol. 5/2. ÜE 13

Der gegenwärtige Stand und die wichtigsten Aufgaben der allgemeinen Staats- und Rechtstheorie. Dnešní stav a nejdůležitější úkoly obecné theorie státu a práva [dt.] 15 S.
Aus: Právník. 1956/3. ÜT 371

Szabo,I.: Die bürgerliche Staats- und Rechtsphilosophie in Ungarn. Buržuaznaja filosofija gosudarstva i prava Vengrii,[dt.] 45 S.
Orig.ersch.: Budapest 1955. ÜR 871

Vesely,J.: Zu einigen Fragen der friedlichen Methoden der Entwicklung der sozialistischen Revolution. K některým otázkám mírových metod socialistické revoluce [dt.] 38 S.
Aus: Nová mysl. 1956/4. ÜT 369

Wróblewski, J.: Die Auslegung des Rechts und die juristische Terminologie. Wykladnia prawa a terminologia prawa [dt.] 47 S.
Aus: Państwo i prawo. 1956/5-6.
[Betr. Polen] ÜP 475

Ziembiński, Z.: Die Arten der Rechtsauslegung in der Praxis des Obersten Gerichts. Sposoby wykładni prawa w praktyce sadu najwyzszego [dt.] 38 S.
Aus: Nowe prawo. 1956/ S.3.
[Betr. Polen] ÜP 468

5.Geschichte der Staats- und Rechtstheorie

Keine Eingänge

6.Staats- und Rechtsgeschichte

Keine Eingänge

7.Völkerrecht und Außenpolitik

Burgucev,G.S.; A.P. Sacarinskij;E.T.Ucenko (Burgutschew,G.S.; A.P. Sazarinski; E.T.Utschenko): Sammlung von Informationsunterlagen. Sbornik informacionnye materialov [dt.] Überbl. über England, Indien, USA, Jugoslawien, Albanien, Bulgarien, Ungarn, DDR, Mongolei, Polen, Rumänien, ČSR, Schweden. 56 S.
Aus: Vsesojuznoj torgovoj palaty. Sekcia prava. 1955. ÜR 873

Inozemcev,N. (Inosemzew,N.): Die amerikanische "Politik der Stärke" und Westeuropa. Amerikanskaja "S pozicij sily" i Zapadnaja Evropa [dt.] 29 S.
Aus: Kommunist. 1955/9. ÜR 875

8.Staatsrecht

Grajewcka, I.: Zur Frage der Abberufung von Abgeordneten. W sprawie odwolywalnosci poslow [dt.] 14 S.
Aus: Państwo i prawo. 1956/8-9.
[Betr. Polen] ÜP 452

Hromada,J.: Die Änderungen in der Stellung der Organe der staatlichen Verwaltung in der Slowakei im Lichte des Verfassungsgesetzes Nr. 33/1956 ZB. Zmeny v postavení orgánov štátnej spravy na Slovensku v svetle ústavného zákona č. 33/1956 ZB. [dt.] 18 S.
Aus: Právny obzor. 1956/9. ÜS 97

Zamkowski,W.: Das Recht auf Abberufung eines Sejmabgeordneten in der Volksrepublik Polen. Prawo odwołania posła na Sejm w Polkiej Rzeczypospolitej Ludowej [dt.] 24 S.
Aus: Państwo i prawo. 1956/5-6. ÜP 477

9.Gerichtsverfassung(einschließlich Staatsanwaltschaft, Justizverwaltung, Notariat und Anwaltschaft)

Bardinski,Z.: Jede Sache hat zwei Seiten. Dwie strony medalu [dt.]
Aus: Nowe prawo. 1956/4. 11 S.
[Betr. Polen, Anwaltschaft] ÜP 460

Garamvölgyi,Z.: Diskussion über die grundsätzliche führende Rolle des Obersten Gerichts der Ungarischen Volksrepublik. Vita a törvénykezési szervezeti jogi munkaközösségben a Legfelzöbb Biroság irányitó szerepéröl [dt.] 11 S.
Aus: Jogtudományi közlöny. 1956/6. ÜUn 203

Litwin, J.: Die Problematik der Verwaltungsgerichtsbarkeit (organisatorische Fragen und Verfahrensfragen). Problematyka sadownictwa administracyjnego, zagadnienia organizacji i procedury [dt.] 39 S.
Aus: Nowe prawo. 1956/10
[Betr. Polen] ÜP 466

Terpilowski, J.: Für eine Atmosphäre des Vertrauens zur Gerichtsbarkeit. O klimat zaufania do sadownictwa [dt.] 8 S.
Aus: Nowe pravo. 1956/7-8.
[Betr. Polen] ÜP 448

10. Verwaltungsrecht und Allgemeine Aufsicht des Staatsanwalts

Bihari, O.: Handbuch über Fragen der Staatsverwaltung für die Exekutivkomitees der Volksräte. Államigazgatási útmutató a községi tanácsok végrehajtó bizottságai reszére [dt.] 10 S.
Aus: Jogtudományi közlöny. 1956/6.
[Betr. Ungarn] ÜUn 201

Die Berichterstattung des Exekutivkomitees vor dem Sowjet. Otčet ispolkoma pered Sovetom [dt.] 5 S.
Aus: Izvestija. 1956/236. ÜR 880

Inkonickij, Ju.V. (Inkonizki, J.W.): Die Arbeit des Rayonsowjets (der ausländischen Gegend) auf dem Gebiete des Handels. Rabota rajonnogo soveta (sel'skoj mestnosti) v oblasti torgovli [dt.] 97 S.
[Orig.ersch.] Moskau 1956. ÜR 889

Karpec, I.I. (Karpez, I.I.): Tätigkeit der örtlichen Sowjets zur Festigung der öffentlichen Ordnung. Dejatel'nost'mestnych sovetov po ukrepleniju obščestvennogo porjadka [dt.] 57 S.
Orig.ersch.: Moskau 1956. ÜR 870

11. Finanzrecht

Keine Eingänge

12. Strafrecht, Strafprozeß

Jachot, O.O.: Notwendigkeit und Zufall. Neobchodimost'i slučajnost' [dt.] 79 S.
Orig.ersch.: Moskau 1956. ÜR 869

Min'kovskij, G.M. (Minkowski, G.M.): Zur Frage des Begriffes der indirekten Beweise im sowjetischen Strafprozeß. K voprosu o ponjatii kosvennych, dokazatel'stv v sovetskom ugolovnom processe [dt.] 42 S.
Aus: Učenie zapiski. 1955/4. ÜR 884

Ochmann, W.: Einige Bemerkungen im Zusammenhang mit dem Artikel von Prof. Dr. Lernell: Über den Inhalt und den Umfang des Begriffs der Entwendung gesellschaftlichen Eigentums. Kilka uwag w zwiazku z artykulem Prof. Lernella: O treści i zakresie jojecia zagrniecia mienia spolecznego [dt.] 19 S.
Aus: Państwo i prawo. 1956/5-6.
[Betr. Polen] ÜP 458

Poljak,K.Z.(Poljak,K.S.): Kritik der klassischen und soziologischen Richtungen im deutschen Strafrecht. Kritika klassičeskogo i sociologičeskogo napravlenij v germanskom ugolovnom prave [dt.] 23 S.
Aus: Učenie zapiski VI vsesojuzn. inst.nauki prava. 1947. ÜR 864

Rachunov,R.D. (Rachunow,R.D.): Die Aussagen des Beschuldigten als Beweis im sowjetischen Strafprozeß. Pokazanija obvinjaemovo kak dokazatel'stvo v sovetskom ugolovnom processe [dt.] 43 S.
Aus: Učenie zapiski. 1955/3. ÜR 882

Rajkowski,R.: Der Entwurf des Strafgesetzbuches und das Verwaltungsstrafrecht sowie seine Kodifikationsprobleme. Projekt kodeksu karnego a prawo karno-administratcyjne i jego problemy kodyfikacyjne [dt.] 53 S.
Aus: Państwo i prawo. 1956/8-9.
[Betr. Polen] ÜP 446

Vorschläge für eine künftige Strafgesetzgebung in der Volksrepublik Polen. Nad projektem kodeksu karnego [dt.] Von Mieczyslaw Szerer u.a. getr.Pag.
Aus: Nowe prawo. 1956/7-8. ÜP 470

Wolter, W.: Zur Frage der Gesellschaftsgefährlichkeit und der Rechtswidrigkeit. W sprawie spolecznego niebezpieszeństwa i bezprawności [dt.] 13 S.
Aus: Nowe prawo. 1956/2.
[Betr. Polen] ÜP 456

Wolter,W.: Bemerkungen über die subjektive Seite der strafbaren Handlung in der Formulierung des Entwurfs des Strafgesetzbuches der Volksrepublik Polen. Uwagi o podmiotowej stronie ozynu przestepnego w ujeciu projektu kodeksu karnego PRL [dt.] 24 S.
Aus: Państwo i prawo. 1956/8-9. ÜP 450

13.Kriminalistik, Gerichtliche Medizin, Gerichtspsychiatrie,-psychologie

Keine Eingänge

14.Zivilrecht

Keine Eingänge

15.Urheber- und Erfinderrecht

Rajgorodskij, N.: Es ist an der Zeit, sich damit zu beschäftigen. Brennende Fragen des Erfinderrechts. Pora etim zanjat'sja. Nabolevšie voprosy izbiretatel'skogo prava [dt.] 8 S.
Aus: Izvestija. 1956/234.
[Betr. UdSSR] ÜR 878

16.Vertragssystem, Vertragsgerichtliches Verfahren

Molcan,T.: [Rezension.] F.Dvonč und J.Slezák "Die Arbitrage der ČSR". F.Dvonč - J.Slezák "Československá arbitráž" [dt.] 9 S.
Aus: Právny obzor. 1956/9. ÜS 95

Slezák, J.: Die Vereinfachung des Arbitrageverfahrens. Zjednodušení arbitrážního řízení [dt.] 16 S.
Aus: Socialistická zákonnost. 1956/7 u.8.
[Betr. ČSR] ÜT 365

17.LPG- Recht, Bodenrecht

Keine Eingänge

18.Familienrecht

Szpunar, A.: Die Verwaltung des gemeinschaftlichen Vermögens der Ehegatten. Zarzad majatkiem wspólnam malzonków [dt.] 33 S.
Aus: Nowe prawo. 1956/10.
[Betr. Polen] ÜP 473

19.Zivilprozeß(einschließlich Familienrechtliches Verfahren)

Bavorsky, J.: Die erste Arbeitskonferenz der Mitarbeiter des Zivilprozeßrechts. Prvá pracovná konferencia pracovníkov občianského procesného práva [dt.] 16 S.
Aus: Právny obzor. 1956/7 u.8.
[Betr. ČSR] ÜS 100

Cagara, J.: Einige Bemerkungen über den Entwurf der Zivilprozeßordnung. Kilka uwag o projekcie k.p.c. [dt.] 7 S.
Aus: Nowe prawo. 1956/9.
[Betr. Polen] ÜP 464

Dvorak, V.: Zum Entwurf des neuen internationalen Abkommens über die Vollstreckung ausländischer Schiedssprüche. K návrnu nové mezinárodní úmluvy o vykonávání cizich rozhodčich nálezů [dt.] 29 S.
Aus: Právník. 1956/5. ÜT 363

Krajewski, J.: Die gerichtliche Zwangsvollstreckung von Bargeldleistungen der Landwirte. Egzekucja sądowa świadceń pieniężnych od rolników [dt.] 11 S.
Aus: Nowe prawo. 1956/7-8.
[Betr. Polen] ÜP 454

20.Arbeitsrecht und Arbeitsgerichtliches Verfahren

Mydlik, A.: Die Konferenz über Fragen des tschechoslowakischen Arbeitsrechts. Konferencia o otázkách čs. pracovného prava [dt.] 13 S.
Aus: Pravny obzor. 1956/7. ÜS 93

Salwa, Z.: Die Rolle des Rechts bei der Sicherung der einwandfreien Qualität der Arbeit. Rola prawa w zabezpieczeniu należytej jakości pracx [dt.] 30 S.
Aus: Państwo i prawo. 1956/8-9. ÜP 472

Wasilkowski, C.: Die neuen Bestimmungen über die Sicherung der Kontinuierlichkeit der Arbeit auf dem Gebiete der Urlaubsansprüche. Nowe przepisy o zabezpieczeniu ciaglosci pracy w zakresie uprawnien do urlopu [dt.] 20 S.
Aus: Nowe prawo. 1956/10.
[Betr. Polen] ÜP 462

21.Internationales Privatrecht

Kutikov,V. (Kutikow,W.): Die Planung und Nationalisierungen in der Volksrepublik Bulgarien und ihre Auswirkung auf das bulgarische System des Internationalen Privatrechts. Planiraneto i nacionalisaciite v NR Bulgarija i tjahnoto otraženie varhu bulgarskata sistema na meždunarodnoto častno pravo [dt.] 59 S.
Quelle: Sonderdruck über Rechtsfragen d.staatl.Volkswirtschaftsplans. T.2, H.1. ÜB 160

Lunc,L.A.(Lunz,L.A.): Einige Fragen des internationalen Privatrechts. Nekotorye voprosy meždunarodnogo čostnogo prava [dt.] 42 S.
Aus: Učenie zapiski. 1955. S.70-90. ÜR 868

22.Sonstiges

Michajlov,N. (Michailow,N.): Zu einem neuen Aufschwung des Verlagswesens. K novomr pod-emu izdatel'skogo dela [dt.] 28 S.
Aus: Kommunist. 1956/12.
[Betr. UdSSR] ÜR 862

ALPHABETISCHES SACHGRUPPENVERZEICHNIS

FSC
www.fsc.org
MIX
Papier | Fördert gute Waldnutzung
FSC® C083411

Kolibri 360 GmbH
Ferdinand-Jühlke-Straße 7
99095 Erfurt, Deutschland
produktsicherheit@kolibri360.de